고양이의 마음을 알 수 있는 89가지 비법

고양이는 어떤 때 '칵칵칵'하고 울까?
고양이는 사람이나 다른 고양이를 질투할까?

이키 타즈코 지음
이도규 역

백마출판사

저자 소개

이키 타즈코

수의사로 활동하고 있다. 고베대학교 농학부를 졸업한 후 항공회사에 재직하다가 독일로 건너갔다. 2003년에 뮌헨대학교 수의학부를 졸업하고 2005년에는 박사학위를 취득했다. 이후에 동대학교 수의학부 동물행동학과에서 연구원으로 일했다. 동물의 행동 치료학 연구 중에서도 주로 고양이의 스트레스 호르몬과 행동에 대해서 연구했다. 2011년부터는 수의사로서 소동물의 문제행동 치료를 전문분야로 하여 개업했다. 주요 저서는 〈고양이의 '곤란해!'를 해결하자〉(사이언스아이신서 출판)가 있다.

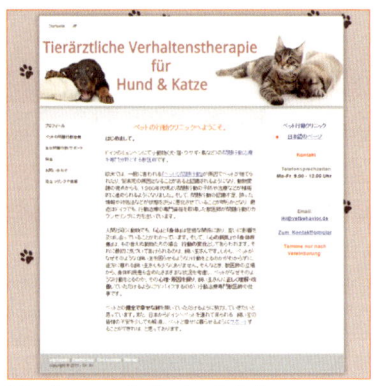

http://www.vetbehavior.de/jp/

본문 디자인·아트디렉션 : 쿠니미디어 주식회사
일러스트 : 마나카치히로(http://megane.boo.jp/)
교정 : 소네 노부히사사

책을 시작하며

고양이와 인간의 첫 만남은 약 1만 년 전이라고 알려져 있습니다. 쥐나 작은 새 등의 사냥감을 포획하거나 수확한 곡식을 망치지 않도록 하는 것 정도의 도움만을 주던 고양이지만, 과거에나 지금에나 고양이는 그 특유의 나긋나긋한 몸동작이나 사랑스러운 모습으로 사람을 매혹시키곤 합니다. 그 과정이 어떻든 고양이와 사람은 서로의 매력에 이끌려 긴 시간 동안 거리를 서서히 좁혀 나가며 현재의 유대 관계를 만든 것이라고도 말할 수 있습니다.

이렇게 지금은 완전히 인간 사회에 정착한 매우 친근한 동물임에도 불구하고 고양이에 대해서는 아직까지 알 수 없는 수수께끼나 오해가 많이 있습니다. 예를 들면 고양이는 혼자서 사냥을 하기 때문에 단독생활을 선호하고, 커뮤니케이션이 부족한 동물이라는 선입견이 있습니다. 그러나 고양이를 자세히 관찰해 보면 틀림없이 고양이가 표정도 풍부하고 순간순간의 감정을 몸 전체로 있는 힘을 다해 표현하고 있다는 것을 알 수 있지요. 사이가 좋은 고양이와는 물론이고 별로 친하지 않은 고양이와도 쓸데없는 언쟁을 피하기 위해 능숙한 커뮤니케이션을 하고 있습니다.

고양이들끼리 사용하는 커뮤니케이션 방법을 알아두는 것

은 인간이 고양이와 살아가는 데에 있어서 아주 중요한 것입니다. 고양이는 인간에 대해서도 같은 커뮤니케이션 방법을 사용할 때가 자주 있기 때문입니다. 고양이는 매우 영리한 동물이라서 사람과 살아가면서 매일 학습하고, 인간과의 독자적인 커뮤니케이션방법도 익혔습니다. 그러나 모처럼 고양이에게 신호를 받아도 그것을 알아채지 못하거나 읽지 못하면(수신하지 못하면) 아무 의미도 없습니다. 커뮤니케이션은 일방통행으로는 이루어지는 것이 아니기 때문입니다. 고양이의 커뮤니케이션 방법과 고양이 본래의 습성, 그리고 행동의 의미를 이해한다면 집고양이나 종종 길에서 마주치곤 하는 길고양이를 보는 눈도 바뀌며, 고양이의 마음을 헤아리는 것도 결코 어려운 일이 아닐 것입니다.

고양이의 마음을 100% 이해하는 것은 힘들지만 최근에는 고양이의 행동 연구도 진행되고 있고 지금까지 알 수 없었던 많은 의문도 풀리고 있습니다. 그래서 이 책에서는 고양이에 대한 과학적인 최신 연구 성과를 토대로 일러스트를 가미하여 '고양이의 행동'에 대해서 알기 쉽도록 정리했습니다.

제1장에서는 고양이의 표정이나 몸짓, 울음소리의 의미를 다루었습니다. 제2장에서는 고양이 사이에서 사용하는 커뮤니케이션 방법을, 제3장에서는 고양이와 인간과의 커뮤니케이션 방법에 대해 설명했습니다. 제4장에서는 고양이가 하룻동안 많은 시간을 할애하는 행동 – 잠자기, 그루밍, 포식과 식생활, 번식행동에 초점을 맞춰 '왜 고양이는 그런 행동을 하는 걸까?'라고 생각하게 되는 행동의 뒤에 있는 의미를 파헤쳐 봅니다. 고양이를 기르는 사람이 알고 있

으면 유용한 내용이 무엇일까를 고려하며 쓰도록 노력했습니다. 그리고 마지막 제5장에서는 고양이 몸의 비밀에 대해 알아봅니다.

고양이는 언제나 자신의 의지를 가지고 자립하여 살아갑니다. 크기가 작아도, 인간에게 먹이를 얻어먹어도, 고양이는 항상 인간과 대등한 존재이며 결코 묶어놓거나 케이지에 가둬 놓고 키우는 것은 불가능합니다. '키운다'는 것보다 '함께 살아간다'고 하는 말이 딱 맞겠지요. 고양이를 잘 아는 사람에게는 고양이는 아주 이상적인 '작은 동거인'이 되겠지만, 고양이를 잘 모르는 사람에게는 그저 변덕스럽고 무슨 일을 저지를지 모르는 '작은 야수'에 지나지 않을 것입니다. **고양이와 사이좋게 동거생활을 계속하기 위해서는 고양이를 더욱 이해하고 헤아려 주려 하는 마음이 가장 중요합니다.** 당신이 고양이에 대해 알면 알수록 고양이를 이해하려고 하면 할수록 고양이도 당신에게 마음을 열고 유대도 한층 더 깊어질 것입니다.

최근 들어 집고양이의 수명은 비약적으로 늘어나고 있습니다. 고양이와 함께 살아가는 시간 또한 길어지겠지요. 이 책이 고양이와의 행복한 관계를 형성하기 위한 힌트가 된다면 굉장히 기쁠 것입니다.

마지막으로 이 책의 간행을 도와주신 과학서적편집부 이시이 켄이치 씨와 일러스트레이터 마나카 치히로 씨께 마음 깊이 감사드립니다.

2015년 1월 이키 타즈코

CONTENTS

책을 시작하며 ·········· 3

제1장 고양이의 표정·몸짓·울음소리의 의미 ·········· 9

- 01 눈으로 표현하는 신호의 의미는 무엇일까? ·········· 10
- 02 귀로 표현하는 신호의 의미는 무엇일까? ·········· 14
- 03 수염을 움직이는 것은 무슨 의미일까? ·········· 16
- 04 꼬리를 세우는 것은 어떤 의미일까? ·········· 18
- 05 꼬리 위치로 마음을 알 수 있다고? ·········· 20
- 06 꼬리를 흔드는 것은 어떤 의미일까? ·········· 22
- 07 공격 포즈와 방어 포즈의 차이는 무엇일까? ·········· 24
- 08 위협 포즈란 어떤 포즈일까? ·········· 26
- 09 고양이는 어떤 울음소리를 낼까? ·········· 28
- 10 어떤 때 '그르르' 하고 목을 울리며 울까? ·········· 30
- 11 어떤 때 '구우구우구우' 하고 울까? ·········· 34
- 12 위협하거나 공격할 때에는 어떤 울음소리를 낼까? ·········· 36
- 13 무엇을 원할 때 '냐-', '냐양', '냐옹~' 하고 소리를 낼까? ·········· 38
- 14 어떤 때 '캭캭' 하고 울까? ·········· 42
- Column01 고양이는 임산부에게 위험한 존재일까? ·········· 44

제2장 고양이끼리의 커뮤니케이션 ·········· 45

- 15 왜 고양이는 자신의 냄새를 묻히고 다닐까? ·········· 46
- 16 무엇 때문에 쉬야(오줌) 마킹을 하는 것일까? ·········· 48
- 17 사이좋은 고양이들은 어떻게 커뮤니케이션을 할까? ·········· 50
- 18 핥는 것은 사이가 좋다는 증거일까? ·········· 52
- 19 고양이에게도 사회적 거리가 있을까? ·········· 54
- 20 고양이의 영역은 무엇 때문에 존재할까? ·········· 56
- 21 고양이 영역의 크기는 얼마만 할까? ·········· 58
- 22 수컷과 암컷은 영역의 크기가 다를까? ·········· 60
- 23 고양이가 영역 경계에서 만났을 때의 규칙은 무엇일까? ·········· 62
- 24 고양이끼리의 싸움에서 규칙은 무엇일까? ·········· 64
- 25 고양이들은 왜 밤에 집회를 여는 것일까? ·········· 66
- 26 집고양이에게도 영역이 존재할까? ·········· 68
- 27 고양이끼리 영역을 공유하는 경우도 있을까? ·········· 70
- 28 고양이에게도 강아지와 같은 서열이 있을까? ·········· 72
- 29 집고양이에게도 서열이 있을까? ·········· 74
- Column02 고양이에게 양치질이 필요할까? ·········· 76

고양이의 마음을 알 수 있는 89가지 비법

고양이는 어떤 때 캭캭캭 하고 울까? 고양이는 사람이나 다른 고양이를 질투할까?

사이언스아이 신서

제3장　고양이와 사람의 커뮤니케이션 … 77

- 30　좋아하는 주인과의 커뮤니케이션 방법은 무엇일까?　78
- 31　앞발로 왜 꾹꾹이를 하는 것일까? ……………………… 82
- 32　주인에게 배를 보여주는 이유는 무엇일까? ………… 84
- 33　왜 컴퓨터 키보드나 신문 위에 올라가는 걸까? …… 86
- 34　사람과의 사회적인 거리는 어느 정도일까? ………… 88
- 35　왜 사람을 따르지 않는 고양이가 있는 걸까? ……… 90
- 36　손님이 오면 살금살금 숨는 이유는 무엇일까? …… 82
- 37　사람이 쓰다듬으면 그루밍을 하는 이유는 무엇일까? 94
- 38　고양이는 남성보다 여성을 더 좋아할까? …………… 96
- 39　고양이는 사람이나 다른 고양이에게 질투를 느낄까? 98
- 40　고양이는 사람을 따르는 것이 아니라
  　 집을 따른다는 것이 사실일까? ……………………… 100
- 41　고양이를 키워서 얻는 장점은 무엇일까? ………… 102
- Column03　고양이의 나이를 사람 나이로 계산하는 방법은? 104

제4장　고양이 행동의 비밀을 파헤쳐보자 … 105

- 42　고양이는 하루 종일 뭘 하고 지낼까? ……………… 106
- 43　고양이는 어째서 항상 자고 있는 걸까? …………… 108
- 44　고양이의 수면 주기는 어떻게 될까? ……………… 110
- 45　자는 곳이나 자는 모습에는 어떤 의미가 있을까? … 114
- 46　어째서 일부러 준비해 준 고양이 침대에서 안자는 걸까? 116
- 47　고양이가 자는 척 할 때도 있을까? ………………… 118
- 48　하품을 하는 이유는 졸려서일까? …………………… 120
- 49　왜 일어난 후 크게 기지개를 켜는 것일까? ……… 122
- 50　고양이는 왜 일광욕을 좋아할까? …………………… 124
- 51　그루밍은 왜 하는 걸까? ……………………………… 126
- 52　그루밍은 어떻게 할까? ……………………………… 128
- 53　고양이는 타고난 사냥꾼일까? ……………………… 130
- 54　시냥은 어떻게 할까? ………………………………… 132
- 55　왜 사냥감을 죽이지 않고 던지면서 가지고 놀까? … 134
- 56　어째서 잡은 사냥감을 집에 가지고 오는 걸까? … 138
- 57　어째서 쥐와 친하게 지내는 고양이가 있는 걸까? … 140
- 58　왜 하루에 조금씩 여러 번 밥을 먹는 걸까? ……… 142
- 59　반려묘에게 하루에 몇 번 먹이를 주는 것이 좋을까? 144
- 60　고양이는 어떤 맛을 느낄 수 있을까? ……………… 146
- 61　왜 살찐 고양이가 늘어나는 걸까? ………………… 148

SB Creative

CONTENTS

62 고양이는 하루에 어느 정도의 에너지가 필요할까? ···152
63 어떤 먹이를 주는 것이 제일 좋을까? ···154
64 시판 고양이 사료를 고를 때 포인트는 무엇일까? ···156
65 고령 고양이의 먹이는 어떤 점을 신경 써야 할까? ···159
66 고양이는 편식이 심할까? ···164
67 먹이에 입을 대지 않는 것은 맛이 없어서일까? ···166
68 왜 우적우적 풀을 씹어 먹는 걸까? ···168
69 왜 수도꼭지에서 떨어지는 물을 마시고 싶어할까? ···170
70 고양이는 우유를 마실 수 있을까? ···174
71 왜 고양이는 마타타비에 열광할까? ···176
72 고양이가 발정을 하면 어떻게 될까? ···178
73 왜 수고양이는 교미 시에 암고양이의 목덜미를 물까? ···180
74 암고양이는 어떻게 상대 수고양이를 고를까? ···182
75 고양이에게도 동성애가 있을까? ···184
76 중성화를 하지 않으면 고양이의 수는 얼마나 늘어날까? 186
Column04 고양이가 고령이 되었다는 징표는? ···188

제5장 고양이 몸의 비밀을 파헤쳐보자 ···189

77 고양이의 몸은 왜 유연할까? ···190
78 고양이 털의 종류에는 어떤 것이 있을까? ···192
79 고양이의 무시무시한 점프력의 비밀은? ···194
80 어떻게 높은 곳에서 떨어져도 제대로 착지할 수 있는 걸까? ···196
81 고양이의 고소낙하증후군이란 무엇일까? ···198
82 어떻게 고양이는 좁은 곳을 통과할 수 있을까? ···200
83 어째서 고양이는 개보다 펀치에 능할까? ···202
84 고양이는 발톱을 자유롭게 넣고 뺄 수 있을까? ···204
85 캣워킹의 비밀은 무엇일까? ···206
86 육구(발바닥 젤리)는 왜 있는 걸까? ···210
87 고양이의 앞다리에 수염이 나 있는 이유는 무엇일까? 212
88 고양이에게 귀소본능이나 주인을 찾아내는 능력이 있을까? ···214
89 사람의 죽음을 예지하는 고양이가 있다고? ···216
Column05 고령의 고양이가 쾌적하게 지낼 수 있는 환경은? 218

참고문헌 ···219
색인 ···220

제 1 장

고양이의
표정·몸짓·울음소리의 의미

01 눈으로 표현하는 신호의 의미는 무엇일까?

고양이 얼굴의 표정을 결정하는 것은 눈과 귀와 수염입니다. 이들을 하나하나 살펴보도록 하지요. '눈은 입만큼 말을 한다'라고도 하는데, 고양이의 눈에서는 어떤 신호를 읽어낼 수 있을까요?

우선 고양이 눈은 두개골의 크기에 비해 매우 크고, 동공을 크게 열어 많은 빛을 받아들일 수 있는 특징을 갖고 있습니다. 동공이 삽시간(1초 이내)에 변하면서 빛의 양을 조절하는 것이지요. 이 때문에 동공은 어두운 곳에서 아주 동그랗게 커지고, 밝은 곳에서는 세로로 가늘어 집니다.

망막의 바깥쪽에 위치한 황색에 가까운 **반사판**tapetum이라는 세포층은 망막을 통과하는 빛을 반사하기 때문에 빛의 양을 더욱 증가시키는 효과가 있습니다. 이 때문에 고양이는 어둠 속에서 아주 적은 빛만으로도 근처(2~6m)에 있는 사냥감의 움직임에 맞춰 재빠르게 초점을 맞출 수 있습니다.

이처럼 고양이 눈의 구조는 어둠 속에서 사냥하는 고양이 본래의 습성에 맞추어져 있는 것이지요.

그러나 주변의 밝기가 변하지 않는데도 동공의 크기가 변할 때가 있습니다. 이것은 **감정의 변화**를 표현하는 것인데, 먹이를 보고 순간적으로 기뻐할 때, 놀다가 흥분했을 때, 무서울 때에 아드레날린이 분비되어 동공이 커지는 것입니다. 반대로 고양이가 자신감 있는 공격 포즈를 취한 채 위협적이고 날카로운 눈빛으로 상대를 노려볼 때에는 동공이 가늘어집니다. 이럴 때 상대가 **패배의 포즈**(24쪽)을 취하면 싸움으로 발전하지 않습니다.

제1장 고양이의 표정 · 몸짓 · 울음소리의 의미

😺 고양이 눈의 구조

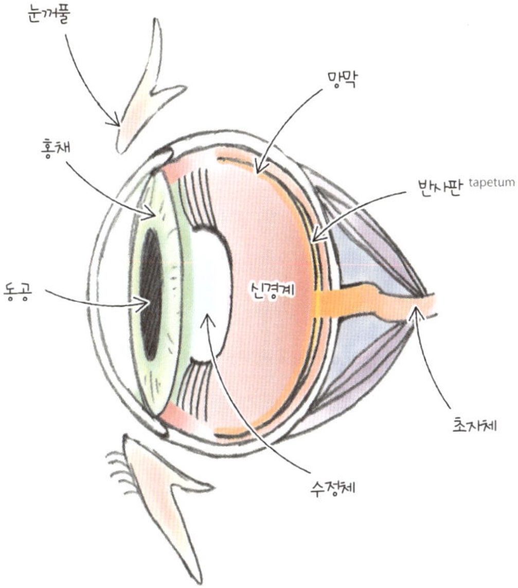

- 눈꺼풀
- 망막
- 홍채
- 반사판 tapetum
- 동공
- 신경계
- 초자체
- 수정체

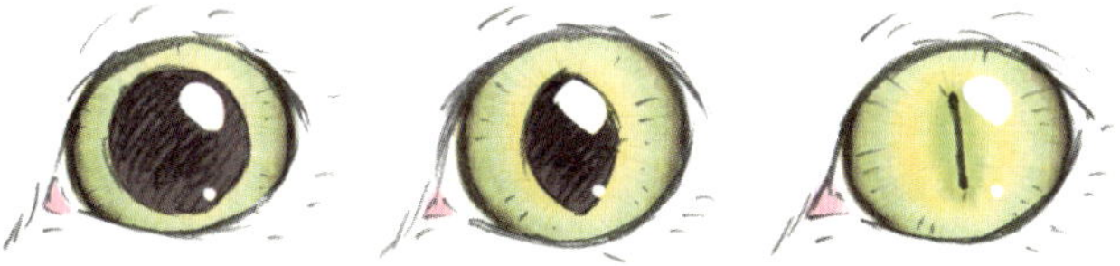

고양이의 동공 크기는 주변의 빛뿐만 아니라 감정에 의해서도 변화한다. 고양이의 동공이 세로로 가늘어지는 것은 풀밭 사이로도 사냥감을 관찰하기 위해서라는 설도 있다.

눈동자 모양	아주 동그랗다	보통 모양	가늘다
주변 밝기	어둡다	보통	밝다
감정	흥분, 기쁨, 놀람, 두려울 때 등	보통 때	공격태세

천천히 눈을 깜빡이고 있는 고양이는 적대심이 없는 상태

반려묘 중에서는 집사와 눈을 마주치면 기뻐하며 뛰어오는 고양이도 있습니다. 이것은 사람과 살아가면서 눈과 눈을 마주치는 커뮤니케이션을 학습했기 때문입니다. 먹이를 달라고 조를 때 마치 '부탁해'라는 듯한 큰 눈으로 쳐다본다면 대부분의 집사는 결코 거절할 수는 없을 것입니다.

사실 고양이는 상대와 시선을 맞추는 것을 싫어합니다. 가까이서 가만히 주시하다가 공격하는 반려묘도 있습니다. 더군다나 모르는 고양이를 가만히 바라보는 것은 당연히 위협하는 행동이기 때문에 우호적인 커뮤니케이션 수단이라고는 할 수 없습니다.

이 때문에 모르는 고양이를 바라볼 때는 보고 있다는 것을 되도록이면 깨닫지 못하게 해야 합니다. 고양이에게서 30~40cm 떨어진 곳을 곁눈질이나 실눈으로 보거나 천천히 눈을 깜빡이면 고양이는 긴장을 풉니다.

시선을 피하는 것은 '싸움할 마음이 없어'라는 의지의 표현이지만, 천천히 눈을 깜빡이는 것은 시선을 피하는 것과 같이 긴박한 상태가 아니라 '친해지고 싶어'라는 의미가 담겨있습니다. 사람의 미소와 비슷한 효과를 가지고 있다고도 말할 수 있습니다. **고양이가 당신에게 다시 눈을 깜빡여 준다면 적대심이 없다**는 것이겠지요. 다만 고양이가 이미 무서워하고 있거나 위협적인 상황에서는 시선을 피하는 것이 무난합니다.

서열이 낮은 고양이가 서열이 높은 고양이와 만나면 시선을 피하며 '싸움할 마음이 없어'라고 의사표시를 하기도 하지만 눈을 감아버릴 때도 있습니다. 이러한 표현은 그 상황에서 긴장을 진정시키기 위함이기도 하나 '눈을 감을 정도로 신뢰하고 있으니 공격 하지마'라는 마음도

제1장 고양이의 표정 · 몸짓 · 울음소리의 의미

담고 있습니다.

또한 경계 중인 고양이는 눈꺼풀을 활짝 열고 있지만 눈꺼풀을 반쯤 감고 눈을 가늘게 뜨고 있는 고양이는 릴랙스하고 있는 것이죠.

🐾 평상시 눈

🐾 릴랙스했을 때 눈

눈을 가늘게 뜨고 있으면 릴랙스하고 있는 것이다. 천천히 눈을 깜빡이는 것은 '미소'와 비슷한 효과가 있다. 사람이 정면에서 가만히 쳐다보면 긴장을 하고 시선을 피하거나 눈을 가늘게 뜨면서 긴장을 풀려고 하는 고양이가 있는가 하면 시선을 맞춰서 집사에게 무엇인가를 재촉하는 고양이도 있다.

02 귀로 표현하는 신호의 의미는 무엇일까?

고양이의 귀는 32개의 근육(사람은 6개)으로 이루어져 있습니다. 머리를 움직이지 않고도 좌우 귀를 따로따로 180도 움직일 수 있고 얼굴 표정도 매우 다양하지요. 들을 수 있는 소리의 주파수는 약 7만 Hz(사람은 2만 Hz)까지로 사람에게는 들리지 않는 높은 주파수의 초음파도 들을 수 있습니다. 이로 인해 고양이는 20m 전방의 희미한 쥐 울음소리도 그 음원音源을 정확히 알아낸다고 합니다.

고양이는 소리를 포착할 수 있도록 귀를 안테나처럼 자유자재로 움직일 수 있습니다. 신경 쓰이는 소리가 들리면 귀를 바짝 세우고 소리가 나는 쪽을 향해 집중하여 그 음원을 찾습니다. 조금 긴장한 모습으로 바짝 세운 귀를 쫑긋쫑긋 움직인다면 우리가 들을 수 없는 소리를 듣고 있는 것일 겁니다.

그러나 고양이가 귀를 움직이는 것은 **음원을 포착하기 위한 것뿐만 아니라 기분의 표현이기 합니다.** 잔뜩 화가 나 있는 공격 모드의 고양이는 귀를 세운 채 바깥쪽을 향해 자신의 귀 뒤쪽을 가능한 한 상대에게 많이 보여주며 위협합니다. 동시에 동공이 가늘어진다면 틀림없이 공격 직전 상태이지요.

그러나 실제로 고양이가 이 같은 표정을 보여주는 것은 매우 드물며 대부분의 경우 불안이 섞인 표정을 보여줍니다. 고양이의 귀가 바깥쪽을 향하면서 옆으로 눕는 듯한 기색을 보이는 것은 고양이는 무서워서 어쩔 줄 모르는 것인데, '후욱, 하악'하고 소리를 내면서 상대를 위협하기도 하고 필요하면 공격을 할 때도 있습니다.

게다가 귀를 뒤로 눕혀 앞에서 전혀 보이지 않는 상태라면 공포심은 최고조에 달해 있는 상태입니다. 고양이가 몸을 움츠리고 귀를 숨긴다면 되도록 그 장소에서 자취를 감추고 싶어 하는 마음일 것입니다.

또한 고양이과 중에서도 귀가 길고 앞으로 긴 털이 나 있는 스라소니 등은 귀의 표정이 매우 다양합니다. 이것은 꼬리가 짧기 때문에 꼬리 신호의 부족함을 보충하기 위해서 라고 합니다.

여담이지만 야생의 많은 고양이과 동물 귀 뒤쪽에는 **호이상반**虎耳狀斑이라고 불리는 하얀 반점이 있습니다. 이것은 새끼 고양이가 뒤에서 어미 고양이를 쫓아갈 때 어미 고양이를 놓치지 않기 위한 표시이기도 하고 위협 시에 귀의 신호를 강조하는 역할도 합니다.

귀의 움직임으로 감정을 읽을 수 있다. 덧붙여서 많은 야생의 고양이과 동물, 예를 들면 사바나캣은 귀 뒤에 하얀 반점이 있고 이 반점으로 위협한다. 새끼 고양이가 어미 고양이를 놓치지 않기 위한 표시로도 쓰인다.

03 수염을 움직이는 것은 무슨 의미일까?

고양이의 수염은 평균 좌우로 24가닥이 나 있다고 합니다. **촉모觸毛**라고도 하며 살짝 건드는 것만으로도 매우 민감하게 반응하고 그 신호가 재빠르게 뇌에 전달됩니다. 이것은 털의 모근 부분이 **일반적인 털보다 피부의 깊은 곳에 위치한 모포毛包에 있기 때문**입니다. 여기에는 혈관이나 신경이 집중되어 있습니다. 촉모는 수염 이외에 눈 위나 볼, 턱, 앞발 뒤쪽에도 나있습니다.

고양이는 촉모를 사용해서 공기의 미세한 흐름을 감지하고 주위의 대략적인 공기 구조를 '파악하는' 것이 가능합니다. 이 때문에 고양이는 어둠 속에서도 장애물을 피하며 거침없이 걸어갈 수 있는 것입니다.

수염이 장애물에 닿으면 반사적으로 눈을 감아서 눈을 보호하는 역할도 합니다. 또 자신의 몸이 좁은 틈 사이를 통과할 수 있을지 수염으로 측정하고 순간적으로 판단하는 것도 가능합니다.

고양이는 쥐 등의 사냥감을 공격할 때, 눈 앞에 있는 것이 확실히 보이지 않아도 수염으로 쥐 털의 방향을 재빠르게 알아차리고 어디에 결정타를 날릴지 순간적으로 판단합니다.

이처럼 수염은 **중요한 역할을 하는 감각기관**이기 때문에 만약 실수로 수염을 잘라버린다면, 대부분의 고양이는 당황하게 되며 평균 감각이나 거리 감각에 지장이 생기거나 무엇보다도 정신적인 데미지를 받습니다.

수염의 모포毛包에는 횡문근이라는 근육이 있어서 고양이는 수염을 움직일 수 있고 기분 변화도 나타냅니다. 평상시에는 편안하게 좌우로 늘어져 있으나 고양이가 무엇인가에 흥미를 보이거나 탐색하고 노는 등, 활동적일 때는 수염이 좌우 부채꼴로 펴지고 앞을 향합니다. 공격 모드에서도 마찬가지입니다.

반대로 불안할 때나 무서울 때는 수염이 볼에 달라붙는 것처럼 뒤를 향합니다. 또 고양이가 두려운 것을 참고 '후욱, 하악'하고 위협할 때 수염은 입의 움직임에 맞춰 부채꼴로 좌우로 크고 넓어지며 위협하는 표정을 강조합니다.

수염에는 여러 가지 역할이 있고 수염의 방향으로 기분을 표현한다. 활동할 때나 공격 모드에서의 수염은 앞쪽을 향한다(왼쪽). 무서워할 때는 가능한 한 작아 보이도록 수염도 볼을 따라 뒤쪽을 향한다(오른쪽).

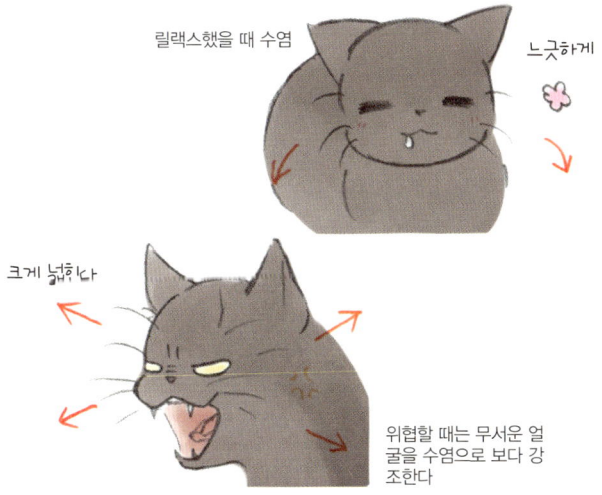

04

꼬리를 세우는 것은 어떤 의미일까?

사이좋은 고양이끼리는 꼬리를 수직으로 바짝 세우고(끝은 상대를 향하여 약간 굽히고 있을 때도 있습니다) 다가가서 코끝을 맞추거나 얼굴이나 몸의 측면을 서로 비비며 인사를 합니다. 이렇게 친밀감을 나타내는 인사는 암고양이가 발정 시에 꼬리(엉덩이)를 드는 포즈에서 유래되었다는 설이 있습니다.

그러나 유력한 설로는 '새끼 고양이가 어미 고양이에게 엉덩이를 핥아달라고 꼬리를 드는 포즈의 흔적'이 있습니다. 아직 스스로 온전히 배설하지 못하는 새끼 고양이는 꼬리를 바짝 들어 어미 고양이에게 엉덩이를 핥아달라고 합니다. 어미 고양이가 돌아왔을 때 새끼 고양이가 기뻐하며 꼬리를 들어 맞이하는 포즈가 고양이가 집단으로 생활하는 과정에서 **친밀감을 표현하는 인사 포즈로 변화한 것**이 아닐까 추측됩니다.

이렇게 꼬리 세우기 인사는 서열이 높은 고양이보다 서열이 낮은 고양이, 또 수고양이보다 암고양이(특히 수고양이에 대해)에서 자주 볼 수 있습니다. '나는 우호적이야'라고 적의가 전혀 없음을 표현하는 사인이기도 하지요. 4~5m 떨어진 곳에서 꼬리를 세우고 사인을 보내면 상대 고양이는 떨어진 장소에서 그 사인을 재빠르게 시각으로 파악합니다.

덧붙여서 고양이 이외에 꼬리 세우기 인사를 하는 고양이과 동물은 집단 생활을 하는 사자뿐입니다. 이것은 **집단생활을 하는 고양이과 동물 특유의 인사 수단**이라고도 할 수 있죠.

고양이는 집사가 외출에서 돌아오면 꼬리를 들어올리고 기뻐하며 다가와서 다리로 휘감고 머리나 몸으로 비벼댑니다. 이것은 친한 고양이와의 인사와 같은 방식으로 당신을 집단의 일원으로서 인정한다는 친밀감을 표현하는 인사입니다. 집사가 먹이를 주려고 하면 고양이는 역시 같은 몸짓을 보여주지만 이런 때는 완전히 '새끼 고양이 모드'가 되어 어미 고양이에게 응석 부리는 것처럼 기다릴 수 없다는 듯이 '빨리 밥을 내놔라'라고 독촉하고 있는 것이지요.

꼬리 세우기 인사는 새끼 고양이가 어미 고양이를 맞이할 때 하는 인사의 흔적이라고도 합니다. '엄마 다녀왔냥-. 얼른 밥 줘냥-.'

꼬리를 세우는 것은 적의가 없다는 사인.

05

꼬리의 위치로 마음을 알 수 있다고?

꼬리의 길이는 고양이 종류에 따라 긴 품종과 짧은 품종이 있고 형태도 갈고리 모양 등 여러 가지 입니다. 꼬리는 14~28개(일반적으로 20~23개)나 되는 꼬리뼈가 있고 매우 유연하게 움직입니다. 고양이는 빨리 달릴 때 꼬리로 방향을 잡고, 점프하거나 착지할 때도 꼬리로 균형을 잡습니다. 이처럼 **균형 감각을 유지하는 중요한 역할을 하는 것뿐만 아니라 감정 변화도 나타냅니다.** 물론 감정은 그때의 상황이나 몸 전체의 포즈까지 종합적인 판단을 할 필요가 있습니다. 하지만 꼬리의 사인은 눈에 잘 띄기 때문에 참고로 하기 좋습니다.

보통 릴랙스 상태에서는 고양이의 꼬리가 자연스럽게 아래로 늘어져 있습니다. 그런데 조금이라도 흥미로운 것을 찾으면 부드러운 곡선을 그리며 조금씩 올라갑니다. 공격 모드에서 꼬리는 뿌리 쪽만 수평이 되고 나머지는 수직 아래로 늘어져 있습니다. 방어 모드가 강해지는 것, 즉 공포감이 커지는 것에 따라 꼬리의 뿌리 쪽은 위로 올라갑니다. 꼬리를 곧게 위로 치켜 올리는 것은 최고 위협 모드입니다. 무섭지만 센 척하며 자신을 커 보이게 하려는 것이지요. 이런 경우는 '꼬리를 세우고 인사하기'의 꼬리와는 다르고 꼬리털이 곤두서서 마치 너구리의 꼬리처럼 부풀어 올라 있습니다.

반대로 몸을 작아 보이게 하기 위해 꼬리를 뒷다리 사이에 숨기는 것은 두려움의 증거입니다. '부탁이니까 아무것도 하지 말아 줘'라고 어필하면서 가능하면 그 장소에서 냅다 도망치고 싶다는 본심인 거지요.

여담이지만, 꼬리가 없는 고양이 종인 맹크스^{Manx}는 격리된 섬(영국, 만섬)에서 근친교배 된 탓으로 돌연변이가 생겨났다고 추측하고 있습니다. 꼬리가 없는 것이 운동기능이나 커뮤니케이션에 어떤 지장을 주는지는 확실히 밝혀지지 않았으나, 무미無尾유전자는 치사致死유전자이기도 해서 아예 꼬리가 없는 맹크스 간의 교배는 새끼 고양이의 사망률이 높고 척추에 선천적인 기형이 있으며 신경장애가 나타나는 케이스도 있습니다. 이 때문에 맹크스의 번식을 금지하는 나라도 있습니다.

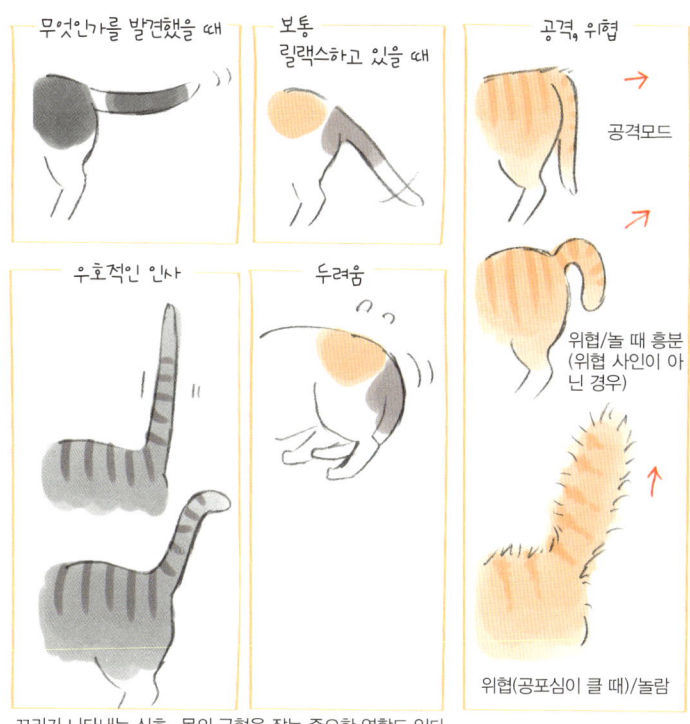

꼬리가 나타내는 신호. 몸의 균형을 잡는 중요한 역할도 있다.

꼬리를 흔드는 것은 어떤 의미일까?

고양이가 꼬리 끝만 파닥파닥 좌우로 흔드는 것은 흥미나 흥분의 정도를 표현하는 것입니다. 예를 들어 고양이가 무언가 흥미 있는 것(사냥감이나 장난감)을 발견해서 몸을 낮추고 노려볼 때 등의 경우에는 꼬리 끝만 힘차게 움직이며 사냥감을 잡을 기회를 엿보고 있는 것입니다.

꼬리를 뿌리부터 좌우로 휙휙 흔드는 것은 **갈등**을 나타내는 것입니다. 예를 들어 밖을 순찰하러 가고 싶지만 무언가의 방해로(출구가 닫혀 있는 등) 갈 수 없게 되면 고양이는 문 앞에서 '밖에 나가고 싶은데 나갈 수 없어'라고 크게 꼬리를 흔들면서 갈등하고 있는 것입니다.

산책하다가 어느 쪽으로 갈까 고민할 때나 상대 고양이와 마주쳤는데 도망갈지, 공격할지 고민할 때에도 크게 꼬리를 흔듭니다. 처음에는 천천히 흔들던 꼬리를 점점 격렬하게 채찍처럼 흔들기 시작하는 것은 흥분하여 초조해지고 있다는 증거입니다.

사람이 쓰다듬어 줄 때 꼬리를 흔드는 것도 '이제 슬슬 그만하시지?'라는 마음과 '그렇지만 기분 좋으니까 조금만 더 쓰다듬어 줘'라는 마음이 갈등하는 것입니다. 이런 때는 안절부절못하고 있는 것이기 때문에 더 이상 초조하게 만들어서 고양이가 할퀴기 전에 쓰다듬기를 그만두는 편이 좋습니다.

또 고양이는 자고 있을 때 이름을 부르면 꼬리만 흔들어서 대답하는 경우가 자주 있습니다. 그것 또한 집사가 있는 쪽으로 가서 '집사랑 놀아줄까' 하는 마음과 '그렇지만 졸리니까 그냥 자고 싶다'는 갈등에 고양이는 빠져든 것이지요.

제1장 고양이의 표정 · 몸짓 · 울음소리의 의미

꼬리는 몸을 움직일 때 균형을 잡아주는 큰 역할을 맡고 있습니다.
하지만 **마음의 균형을 유지하는 역할** 또한 하고 있는 것이죠.

무언가 흥미 있는 것을 발견했을 때는 꼬리 끝만 파닥파닥 움직인다

파닥

파닥

꼬리를 휙휙 흔드는 것은 '어떻게 할까' 하는 마음속 갈등의 표현

휙

휙

07 공격 포즈와 방어 포즈의 차이는 무엇일까?

지금까지 얼굴과 꼬리의 표정에 대해 살펴보았습니다. 자세에 관해서도 한번 살펴보도록 하죠. 고양이의 마음은 얼굴 표정, 꼬리의 위치나 움직임, 전체적인 포즈, 그리고 그 당시의 상황을 모두 합해서 판단하는 것이 중요합니다.

고양이 사회에서는 2마리 고양이가 만날 때 쓸데없는 싸움을 피하고자 하는 **암묵적인 포즈**가 있습니다. 이 때문에 고양이는 치명상을 입는 격렬한 싸움을 거의 하지 않습니다.

일단 전형적인 공격 포즈는 사지를 완전히 늘리고 허리를 높이 들어 당당한 자세를 취하는 것입니다. 이것은 중성화시키지 않은 수컷 성묘에게서 자주 볼 수 있으며, 꼬리는 뿌리만 등을 따라 살짝 올리고 그 끝은 수직 아래로 늘어져 있습니다. 귀는 바짝 세워 귀 뒤쪽이 보이지 않습니다. 동공은 세로로 가늘어지고 상대를 노려보는데, 마치 승리한 것 같다고 하여 **승리 포즈**라고 합니다.

방어 포즈를 하는 고양이는 머리를 당기고 사지를 구부려 몸을 낮추고 발뺌하려는 듯한 자세를 취합니다. 꼬리는 몸 아래에 깊숙이 집어넣고 귀를 눕히며 최대한 몸을 작아 보이도록 합니다. 이 때 아드레날린이 분비되어 동공이 커집니다. 무서워서 가능한 한 그 장소에서 쏜살같이 도망가고 싶다는 마음으로 이미 진 것과 같다 하여 패배 포즈라고 합니다.

이 방어 포즈는 사람을 향해서 자주 취합니다. 그런 때는 그 이상 고양이에게 가까이 다가가서는 안됩니다. 패배 포즈라고는 해도 도망갈 곳이 없다면 그 포즈에서 고양이는 돌변해서 앞발의 무기(발톱)를 드러내 놓고 몸을 지키려고 필사적으로 방어하기 때문입니다.

자신만만하게 당당한 '승리 포즈(의욕 가득냥)'(위쪽)와 '패배 포즈(무서우니까 빨리 도망가고 싶다냥)'(아래쪽)

왼쪽 고양이는 공격 자세. 귀를 세우고 상대를 노려보며 꼬리를 때때로 좌우로 휙휙 흔든다. '귀찮은 녀석은 가만두지 않는다옹'. 오른쪽은 몸을 뒤집어서 방어하는 고양이. 귀는 눕히고 꼬리는 둥글게 안으로 말아 완전히 숨긴다. '그만두라옹. 더 다가오면 냥펀치를 날리겠다옹'.

위협 포즈란 어떤 포즈일까?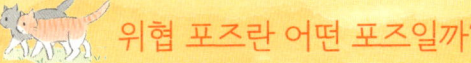

고양이 사이의 관계는 반드시 승리 포즈와 패배 포즈만으로 결정되는 것은 아닙니다. 서로 양보하지 못하는 경우에는 **위협 포즈**를 취합니다. 위협 포즈는 등을 활 모양으로 둥글게 해서 **고양이 등 포즈**를 취하고 몸을 옆으로 세워 힘껏 크게 보이도록 허세를 부립니다.

이때 심장은 두근거리고 아드레날린이 분비 되어 동공이 커지며 모포(毛包)에 있는 모발근(입모근, 193쪽 참조)이 수축되어 꼬리나 등의 털을 곤두세웁니다. 상대에게 더욱 커 보여서 위압감을 주기 위함입니다. 사실은 무서워서 어쩔 줄 모르고 있지만 이 포즈를 취해서 상대를 위협하고 싸움을 피하고자 하는 것입니다. 실내에서 자란 고양이가 무언가에 갑자기 놀랐을 때도 반사적으로 이 포즈를 보여주기도 합니다.

위협 포즈를 취함으로써 공격을 할지 방어(수비)를 할지, 어떤 마음에 가까운지는 미묘하게 다릅니다. 뒷발을 완전히 늘리고 허리를 높인다면 공격, 뒷발을 조금 구부리고 허리를 빼서 도망가려고 한다면 방어입니다.

또 표정이나 꼬리 위치로도 알 수 있습니다. 귀를 뒤로 눕히거나 부풀린 꼬리를 아래로 말아 넣어 감추고 있다면 실은 무서워서 벌벌 떨고 있는 것이지요. 반대로 귀가 서있거나 부푼 꼬리가 뒤집힌 U자 모양이라면 무섭지만 상대가 어떻게 나오는지 보고 공격을 하겠다는 의욕이 가득 찬 상태입니다. 부푼 꼬리가 위를 향하는 것은 공격과 방어 어느 쪽도 최고조로 달해 있을 때 입니다.

고양이는 위협 포즈와 동시에 위협하는 소리나 신음 비슷한 낮은 소리(36쪽 참조)를 내기도 합니다.

또한 고양이는 고양이 등 포즈를 기상 스트레칭 체조로도 이용합니다. 사람이 하는 요가 동작 중에 **고양이 포즈**도 있지요. 이때는 목도 아래로 뻗어 스트레칭하고 위협하는 것이 아니므로 털도 곤두세우지 않습니다.

공격 ◄─────────────────► 방어

위협 포즈라도 귀와 꼬리의 위치로 공격인지 방어인지 미묘하게 뉘앙스가 바뀐다

'고양이 등 포즈'(왼쪽)와 '고양이 늘리기 포즈'(오른쪽). 고양이 등 포즈는 위협이 아니라 기상 시의 스트레칭 체조일 때도 있다.

09

고양이는 어떤 울음소리를 낼까?

의외라고 생각할 수 있으나 고양이는 포유류 중에서도 매우 다양한 울음소리를 가지고 있습니다. 스펙트로그램spectrogram을 사용하여 고양이 울음소리를 분석했더니 23종류나 되는 음성을 구별할 수 있었다고 합니다. 그러나 아쉽게도 인간의 귀로는 이런 울음소리를 전부 구별하는 것이 불가능합니다.

울음소리로 하는 커뮤니케이션은 어미 고양이와 새끼 고양이 간에서, 성묘의 경우는 발정기 또는 위협하거나 공격 시 감정을 표현할 때에 사용합니다. 고양이 사이에서 '일상 회화'는 냄새나 보디랭귀지를 사용하기 때문입니다.

사람과 함께 살아가는 고양이는 울음소리가 사람의 관심을 끄는 데 아주 유용한 수단이라는 것을 학습하고 사람에게 '말을 걸어'옵니다. 고양이의 울음소리는 회화로 의사소통을 도모하는 인간에게 있어서도 **고양이의 마음을 읽어내는 데에 아주 중요한 신호**입니다. 바디랭귀지나 그때 상황 등을 모두 고려해서 고양이가 무엇을 말하려고 하는지 울음소리에 귀를 기울여보세요.

여기에서는 자주 듣곤 하는 고양이 울음소리를 알기 쉽게 3가지 그룹으로 분류했습니다. 고양이 울음소리는 입을 벌린 정도나 음의 높이(주파수)에 의해 분류할 수 있지요.

① '그르르'나 '구우구우'처럼 입을 거의 벌리지 않은 채 목을 울리며 내는 소리. 대개는 기분이 좋을 때 내는 울음소리랍니다.
② '샤악', '하악', '후욱' 등 입을 벌려 위협 시에 내는 소리. '우으으' '워어' 등 공격 직전의 신음소리나 '흐갸악'처럼 공격 시의 외침 등 격렬

한 감정을 나타냅니다.
③ '냥', '냐아앙'처럼 일반적으로 자주 듣는 고양이 울음소리. 입을 벌린 다음 다뭅니다. 반려묘가 사람에게 커뮤니케이션 수단으로 잘 사용하곤 하지요.

그럼 다음으로 넘어가서 차근차근 살펴볼까요?

고양이 울음소리는 '그르르'나 '구우구우', '샤악', '하악', '후욱', 또는 '우으으', '워어', '흐가악', '냥', '나양' 등 다양하다

어떤 때 '그르르' 하고 목을 울리며 울까?

고양이는 안심해서 기분이 좋을 때 '그르르' 하고 입을 다문 채로 목을 울리는 소리를 냅니다. 태어난 지 얼마 안 된 새끼 고양이는 어미 고양이의 젖을 빨면서 숨을 들이쉬고 내쉴 때 지속적으로 이 소리를 냅니다. 어미 고양이는 새끼 고양이가 내는 그르르 진동을 느끼면 안심하여 눈을 감고, 새끼 고양이도 어미 고양이가 내는 그르르 진동을 느끼고 들으면서 안심합니다.

이처럼 고양이의 그르르 소리는 **어미 고양이와 새끼 고양이 간의 커뮤니케이션에서 중요한 역할**을 하고 있습니다. 그리고 새끼 고양이는 어느 정도 자라서도 다른 고양이에게 놀아 달라고 다가가며 그르르 하고 목을 울리곤 합니다. 또 성묘끼리 접근할 때 '싸움할 마음 없어'라는 메시지를 담아서 그르르 소리를 낼 때도 있습니다.

이 메커니즘은 지금까지 다양하게 논해지고 있지만 **후두**가 음원音源인 것은 틀림없다고 합니다. 날숨과 들숨을 반복할 때 후두를 형성하는 근육군이 급속히 경련하면서 성문聲門을 리드미컬하게 진동시켜 그르르 소리가 발생한다는 설입니다. 그르르 소리가 날 때는 호흡수도 평상시보다 빨라집니다.

이 후두근육의 움직임은 중추신경계에 존재하는 **중심 패턴 발생기** central pattern generator라고 불리는 신경회로망에서 발생된다고 합니다. 신기하게도 태어나서 죽기 직전까지 그르르 하고 우는 고양이가 있는 반면 같은 환경에서 컸어도 전혀 그르르 하고 울지 않는 고양이도 있습니다. 이것은 개체 차가 존재한다는 것을 시사합니다.

제1장 고양이의 표정·몸짓·울음소리의 의미

고양이의 그르르 울음소리는 새끼 고양이와 어미 고양이 사이의 커뮤니케이션에 있어서 빠질 수 없는 것이다. 또 성묘끼리에서도 적대심이 없다는 것을 나타내기 위해 그르르하고 울 때가 있다.

힐링 효과도 있다고?

병에 걸리거나 상처를 입은 고양이도 그르르 소리를 내는 경우가 있습니다. 그르르 소리를 내는 것은 마음을 가라앉히거나 아픔을 완화시키거나 뼈나 근육의 치유를 촉진하는 효과가 있다고 합니다. 실제로 그르르 소리를 낼 때에는 뇌 속의 마약이라고도 불리는 베타엔돌핀 beta-endorphine, 쾌감작용과 진통작용이 있는 신경펩티드의 일종이 뇌에서 분비되고, 그르르 소리의 주파수가 뼈의 재생을 촉진시키고 골밀도를 강화하는 주파수와 거의 일치하는 것이 밝혀졌습니다.

그런데 이 그르르 소리가 사람에게는 어떤 의미가 있을까요? 고양이는 집사의 무릎 위로 올라가거나 집사가 쓰다듬어 주면 눈을 가늘게 뜨고 만족한 듯이 그르르 하고 복을 울립니다. 마치 젖을 빨면서 행복해하는 새끼 고양이 때의 기분으로 돌아간 것처럼 말이지요. 만족했을 때는 물론, 집사를 보면서 무언가를 요구할 것처럼 그르르 소리를 내면서 다가오는 고양이도 있습니다.

그르르 소리는 평균 주파수가 약 26Hz(20~40Hz)입니다. 그런데 반려묘는 일반적인 그르르 주파수보다 훨씬 더 높은 소리(220~520Hz)를 포함한 그르르 소리를 무언가 간절히 원할 때(특히 먹을 것을 요구 할 때) 낼 수 있다는 연구결과도 있지요. 이 높은 주파수의 그르르 소리는 다급한 느낌에 가깝고, 고양이가 사람과 살아가면서 학습한 것이라고 합니다. 사람의 아기가 울 때의 주파수(300~600Hz)에 가깝기 때문에 사람은 그냥 내버려 둘 수 없다고 느끼게 되는 것이지요. 사람에게도 **만족과 요구의 그르르를 구분하여 사용**하고 있는 것입니다.

사람은 고양이의 그르르 소리에 은혜를 입는 경우도 있습니다. 그르르 소리를 내는 고양이를 만지면 기분 좋은 진동이 긴장을 풀어주어

스트레스를 완화시키거나 혈압을 낮춰 주거나 편안히 잘 수 있도록 해 줍니다. 또한 진통 작용도 있으며 실제로 2010년에 오스트레일리아의 의사가 '고양이의 그르르 테라피Katzenschnurr Therapie'라는 이름으로 고양이의 그르르 소리에 저주파 수를 바탕으로 한 저주파 생물학적 자극 요법을 개발하고 만성 통증 치료에 이용하고 있습니다.

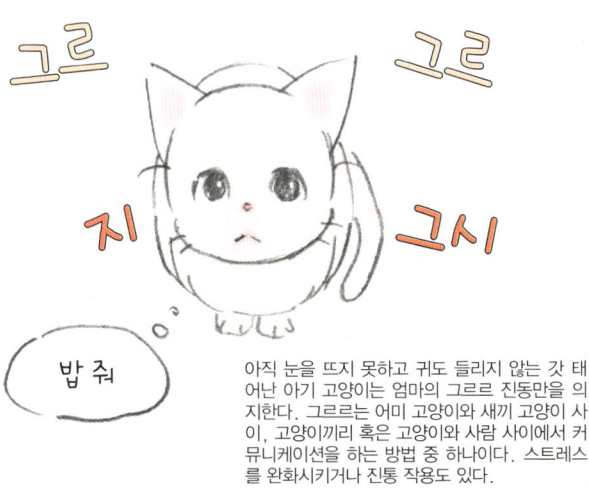

아직 눈을 뜨지 못하고 귀도 들리지 않는 갓 태어난 아기 고양이는 엄마의 그르르 진동만을 의지한다. 그르르는 어미 고양이와 새끼 고양이 사이, 고양이끼리 혹은 고양이와 사람 사이에서 커뮤니케이션을 하는 방법 중 하나이다. 스트레스를 완화시키거나 진통 작용도 있다.

그르르' '기분 좋아냥'

어떤 때 '구우구우구우' 하고 울까?

고양이는 입을 다문 채 비둘기가 우는 것처럼 '구우구우구우' 하고 울 때가 있습니다. 목을 울리며 내는 '그르르'보다는 큰 소리이고 '냥'하고 인사하는 것 보단 작은 딱 중간 정도의 소리라고 할 수 있습니다.

어미 고양이는 4~5주 정도 새끼 고양이에게 쥐 등의 작은 사냥감을 가지고 와서 '이리와' 하고 부를 때 이 소리를 냅니다. 새끼 고양이는 어미 고양이의 소리를 듣고 안심하며 기쁘게 사냥감에게 다가갑니다. 집에서 키우는 고양이가 가끔 쥐 등으로 집사에게 '보은' 할 때도 이 소리로 울기도 하는 것은 그 흔적이라고 합니다.

이 소리는 고양이에 따라 큰 차이가 있어서 수다스러운 고양이는 '구우구우구우' 하고 확실히 들리도록 소리를 내지만 과묵한 고양이는 잘 들리지 않는 작은 소리를 냅니다. 조금 떨어진 곳에서 동료 고양이나 집사에게 인사할 때나 친한 고양이가 나란히 '구우구우구우' 하고 마치 이야기를 나누는 것처럼 할 때도 있는데, 정말로 **친한 친구끼리의 수다**라고 해도 될 정도입니다.

이 '구우구우구우'와 작은 '냥'이 소리가 함께 나올 때도 있습니다. **이것은 애정을 담은 상대에게 내는 소리**로 이 소리를 낼 때는 매우 만족스러운 얼굴을 하고 있습니다.

이 '구우구우구우' 하는 울음소리는 다른 상황에서도 내곤 합니다. 예를 들어 고양이가 자고 있을 때 손가락으로 살짝 건드려서 깨우면 어리둥절해 하면서 '뭐야?' 하는 느낌으로 '구우구우' 하고 소리를 냅니다. 역시 편하게 자고 있어서인지 기분이 좋은 거겠지요.

제1장 고양이의 표정 · 몸짓 · 울음소리의 의미

'구우구우냥' '구우구우…' '구우구우구우…' '구우구우구우…'

'구우구우구우' 하는 울음소리는 고양이가 잠에 취했을 때 내기도 합니다.

12 위협하거나 공격할 때에는 어떤 울음소리를 낼까?

고양이가 '샤악, 하악' 하고 위협하는 소리는 파충류, 특히 독사를 떠올리게 합니다. 갓 태어나서 아직 눈도 뜨지 못한 아기고양이도 누군가에게 배운 적도 없는데 입을 벌려 '하악' 하고 위협하려고 하는 걸로 보아(아직 이도 나지 않아 전혀 무섭지도 않지만) **선천적인 고양이의 습성**일 것입니다.

이때에는 소리뿐만 아니라 뜨뜻미지근한 숨을 내뱉거나 무서운 표정을 지으며 상대를 위협합니다. 이 때문에 사람이 고양이를 향해 비슷하게 숨을 내뿜으면 대부분의 고양이는 싫어합니다.

이 '샤아-악, 하악' 하는 소리는 입을 비교적 크게 벌려 혀 양단을 위로 둥글게 올리고 날카롭게 숨을 뱉으며 냅니다. 더욱 강하게(격렬하게) 숨을 내뱉으면 침이 나오는 경우도 있습니다.

내심 무서워서 어쩔 줄 몰라 하면서 센 척 하는 것이지요. 이런 때는 경우에 따라서 발톱을 드러내고 냥펀치를 날리기도 하기 때문에 주의해야 합니다.

고양이끼리 싸울 때 공격 정도가 심해지면 위협 소리가 아닌 '우우우~, 워우우~' 하고 신음소리를 냅니다. 흥분도가 높아지고 신음소리가 커지는 것에 따라 입도 크게 엽니다. 신음소리를 낼 때는 냥펀치 정도가 아니라 달려들어서 물어버리기도 하기 때문에 주의해야 합니다. 수컷끼리 격하게 싸울 때 '흐갸악~' 하고 높고 날카롭게 부르짖고는 합니다.

그만큼 긴박한 상태가 아니더라도 고양이가 '하악' 하고 소리를 낼 때도 있습니다. 예를들면 아는 고양이 사이에서 **서열이 높은 고양이가 서열이 낮은 고양이를 째려보면 마지못해 그 장소를 양보할 때가**

그렇습니다. 이때 막말을 내뱉는 듯 '하악' 하고 그 장소를 떠나는 경우도 있습니다.

반려묘가 집사에게 위협하는 소리를 내는 경우는 거의 없습니다. 다만 쓰다듬어 주거나 빗질 중에 고양이가 내는 신호(당신의 손을 가만히 본다거나 귀를 옆으로 조금 눕히거나 꼬리를 움직이는 등)를 놓친다면 고양이는 초조함이 극에 달해 더 이상 참지 못하고 '됐어!' 하고 한마디 하듯이 '하악-!!' 하는 소리를 내기도 합니다.

혀의 양 옆을 위로 둥글게 올리고 기세 좋게 숨을 뱉으며 '하악' 하고 위협하는 소리를 낸다

위협하는 소리를 낼 때는 냥펀치가 날아올 때도 있다. '밟아 버릴꺼냥!'

왼쪽 고양이는 의자 위에 올라가고 싶어서 노려본다. 오른쪽 고양이는 싸움할 마음이 없기 때문에 분하지만 무서운 얼굴로 '하악' 하고 한마디 한 뒤 의자에서 내려온다. 왼쪽 고양이는 의자를 차지한다

13

무엇을 원할 때 '냐-', '냐앙', '냐옹~' 하고 소리를 낼까?

갓 태어난 아기 고양이는 춥거나 배고프면 '냐앙'보다는 높고 카랑카랑한 목소리로 '미야앙', '미애앵'하고 웁니다. 어미 고양이가 이 울음소리를 들으면 바로 새끼 고양이가 있는 곳으로 달려옵니다. 그 이후에도 새끼 고양이는 젖을 뗄 때까지 어미 고양이에게 '냐앙', '배고파~' 하고 어필합니다. 어미 고양이도 새끼 고양이에게 울음소리로 답하고 경고하고 달래줍니다. 이처럼 '냐앙'은 **어미 고양이와 새끼 고양이 사이에서 중요한 커뮤니케이션 수단**입니다.

'냐앙'은 고양이가 사람과 함께 살아가면서 사람과의 커뮤니케이션 수단으로서도 발달해왔습니다. 이 때문에 사람을 전혀 따르지 않는 고양이는 사람에게 위협하는 소리나 신음소리는 내지만 집고양이처럼 높은 주파수의 '냐앙' 하는 소리로는 울지 않습니다. 사람에게 '냐앙' 하는 것은 새끼 고양이 때의 흔적으로, '새끼 고양이 모드'가 되어 어미 고양이에게 응석 부리는 것처럼 무언가 독촉하거나 요구하는 것이라고 합니다.

사람에게 짧고 작은 소리로 '냐-' 하는 것은 인사로서 사용하는 것이며 '냐앙'은 '밥 줘'나 '문 열어줘' 등의 요구, 아프거나 춥거나 하는 등의 불만, 불안감 등 그때 그때 여러 요구나 감정을 표현합니다.

욕구 정도에 따라 음성도 바뀌는데, 욕구 정도가 높을수록 우는 소리가 크고 길게 늘어지다가 낮은 톤으로 변해갑니다.

고양이를 키우는 사람들은 대부분 그때 상황이나 우는 소리의 억양 등으로 반려묘가 '냐앙' 하고 우는 소리의 의미를 이해합니다. 고양이는 우는 것으로 집사가 자신에게 주목한다는 것과 어떤 상황에서 어떻게 울면 집사가 자신이 원하는 것을 들어줄지를 확실히 **학습**합니다.

같은 '냥'이라도 소리의 크기나 길이, 톤에 따라서 뉘앙스가 바뀐다. 욕구 정도가 높을수록 우는 소리가 점점 크고 길게 늘어지다가 낮은 톤으로 바뀐다.

계속해서 고양이의 어휘에 대해서 살펴볼까요?

같은 '냥'도 의미는 여러 가지

어떤 실험 하나를 소개해보도록 하지요. 다음 쪽에 있는 5가지 장면에서 12마리의 고양이가 내는 '냐앙' 소리(미리 녹음한 울음소리)를 28명의 학생들에게 들려주고 어떤 상황일지 맞혀 보도록 했습니다. 평균 정답률은 27%로, 고양이를 실제로 키우는 학생이나 고양이를 좋아하는 학생의 정답률이 더 높았고, 최고 정답률은 41%였습니다. 고양이의 울음소리, 더군다나 알지도 못하는 고양이의 소리만을 듣는 것으로 고양이의 마음을 판단하는 것은 매우 어려운 일이겠지요. 또한 학습 과정에서 **반려묘와 그 주인만이 알 수 있는 '방언'이 존재한다**는 것을 알 수 있었습니다.

그러나 평상시 고양이와 함께 사는 사람이라면 다음 쪽에 있는 항목처럼 일상인 5가지 상황에서의 '냐앙'을 반려묘와 함께 있다면 구분할 수 있을 것이라고 생각합니다. 실제로 스펙트로그램spectrogram을 사용하면 음성의 높이나 주파수의 변화에 따라 이같은 5가지 '냐앙'은 확실히 구분할 수 있습니다.

일률적으로 '냐앙'이라고 하는 것 같지만 그 주파수는 400~1,200Hz 정도로 광범위하며, 울음소리는 고양이 한 마리 한 마리마다 개체차가 존재합니다. 크게 입을 벌려 '냐앙'이라고 해도 그다지 소리가 많이 나지 않는 고양이가 있는 반면 큰 소리로 잘 우는 고양이도 있습니다. 소리의 톤도 제각각입니다.

일반적으로 연령에 따라서 목소리 톤은 낮아지지만 중성화를 한 수고양이는 중성화 하지 않은 수고양이보다 성묘가 되어도 높은 톤으로 '냥' 하고 웁니다. 이 때문에 얼굴에 어울리지 않는 귀엽고 작은 목소리로 '냐앙' 하고 우는 큰 수고양이도 있습니다. 사람과 마찬가지로 수

다스러운 고양이, 과묵한 고양이도 있습니다. 고양이의 종류에 따라 차이가 있는데, 샴 고양이나 아비니시안 고양이는 수다스러운 고양이 종에 속하는 예로 들 수 있습니다.

또한 수다스러운 고양이가 갑자기 과묵해지거나 반대로 평상시에 과묵했던 고양이가 빈번하게 우는 경우가 있습니다. 이것은 어떤 질병에 걸렸을 가능성을 시사합니다. 상태를 보고 필요하다면 수의사에게 상담해보는 것이 좋습니다.

일상적인 5가지 상황에서 반려묘의 '냐앙'

1. 밥을 달라고 할 때의 '냐앙'

2. 가까이 다가와 몸을 비비며 집사를 마중 나갈 때의 '냐앙'

3. 어딘지 모르는 곳(자동차 등)으로 끌려갈 때의 '냐앙'

4. 닫혀있는 문이나 창문 앞에서 울 때의 '냐앙'

5. 힘주어 브러시질을 하는 등 상황이 마음에 들지 않을 때의 '냐앙'

집사라면 반려묘의 5가지 장면의 '냐앙'을 구별할 것이다. 또 1번의 '냐앙'은 소리의 길이가 가장 짧고 번호순으로 '냐앙' 소리가 길어진다.

14

 ## 어떤 때 '칵칵칵' 하고 울까?

28쪽에서 살펴본 것처럼 우는 소리 그룹에는 없지만 고양이가 창문 밖을 날아다니는 나비나 새 등을 보며 '칵칵칵', '켁켁켁', '악악악' 하고 이상한 울음소리를 낼 때가 있습니다. 방에서 벽 위쪽에 앉아 있는 파리나 나방 등의 벌레를 발견해도 이런 소리를 내기도 합니다.

이 소리는 입을 작게 벌려서 입꼬리를 뒤로 당기고 위턱과 아래턱을 상하로 조금씩 떨며 빠르게 움직일 때 나는 소리입니다. 하지만 대부분 무성일 때가 많으나, 목의 깊숙한 곳에서 작은 소리로 내거나 명확히 들리는 소리로 낼 때도 있습니다.

이런 소리를 낼 때 고양이의 표정은 약간 익살스럽게도 보입니다. 하지만 고양이에게는 진지함 그 자체인 순간이죠. **고양이의 선천적인 수렵본능이 깨어나고 있기 때문**입니다. 수염은 앞을 향하고 야생 속 사냥꾼의 눈초리로 꼬리 끝을 휙휙 흔들면서 당장이라도 사냥감에게 뛰어들 것만 같은 태세를 갖춥니다. 사냥감에게 집중하고 있기 때문에 대부분 고양이는 집사가 불러도 들은 척도 하지 않습니다.

잡고 싶은 마음이 굴뚝 같은 사냥감이, 손이 닿지 않는 곳에 있을 때에 이런 소리를 냅니다. 정말로 **분해서 이를 갈고 있는 듯** 합니다.

이런 '칵칵칵' 소리의 본래 의미는 고양이가 새소리를 흉내 내서 사냥감을 유인한다는 설과 상하 턱의 움직임으로 사냥감을 깨무는 연습을 하고 있거나 깨물 생각을 하고 있다는 설이 있습니다. 그러나 어디까지나 추측에 불과하며 정확한 이유는 밝혀지지 않았습니다.

'칵칵칵'이 다른 고양이와의 커뮤니케이션으로 쓰이지는 않습니다. 그러나 집사에게 혼날 때 '칵칵칵' 하고 집사를 향해 '불만을 말하는' 고양이는 있다고 합니다. 집사에게 깨무는 연습을 할 리는 없다고 생각합니다만……

제1장 고양이의 표정 · 몸짓 · 울음소리의 의미

고양이가 새를 발견하고 '칵칵칵칵' 하고 울고 있다. '저 새 잡고 싶다냥'

고양이는 임산부에게 위험한 존재일까?

톡소플라즈마(Toxoplasma)증은 임신 직전이나 임신중인 여성이 처음 감염된 경우 태반을 통해 태아에게 감염되어 악영향을 끼치는(선천성 톡소플라즈마증) 경우가 있습니다. 그 때문인지 예로부터 '임산부는 고양이에게 가까이 가지 말라'는 이야기를 듣곤 했지요.

하지만 실제로 임산부가 고양이에게서 톡소플라즈마에 감염되어 태아가 영향을 받았다고 하는 예는 거의 존재하지 않을 정도로 희귀합니다. 고양이도 사람도 감염된 생고기를 먹거나 감염된 고양이가 배출한 오시스트(oocyst, 기생충의 알)를 통해 톡소플라즈마에 감염됩니다. 하지만 일단 생고기나 쥐를 먹을 기회가 거의 없고 다른 고양이와 접촉한 적 없는 집고양이가 **톡소플라즈마에 감염될 가능성은 지극히 희박하다**고 할 수 있습니다.

그리고 일반적으로 고양이는 톡소플라즈마에 처음 감염됐을 때(일생에서!) 약 1~3주정도만 대변 속에 오시스트를 배출합니다. 이 오시스트는 외부와 접촉하며 성장하고 1~5일을 거쳐 처음으로 감염 능력을 갖기 때문에 만일 반려묘가 오시스트를 배출한다고 해도 **고양이 화장실의 대변을 장갑을 끼고 매일 부지런히 치우고, 손을 잘 씻는다면 감염을 예방**할 수 있습니다.

단 이 오시스트는 적절한 습도의 토양 등에서 1년 가까이 감염 능력을 가지기도 합니다. 그러므로 마당 등에서 고양이가 배변을 할 가능성을 고려하여 흙장난은 장갑을 끼고 하는 편이 좋습니다. 당연히 끝난 다음에는 손을 씻어야 합니다. 텃밭에서 뽑은 작물을 생으로 먹을 때에는 깨끗이 세척한 뒤 먹어야 합니다.

※ 실제로 모르는 사이에 톡소플라즈마에 감염되어 항체가 이미 생긴 사람이 많습니다. 혈액 검사를 받아서 양성이라면 걱정할 필요 없습니다.

제 2 장

고양이끼리의 커뮤니케이션

왜 고양이는 자신의 냄새를 묻히고 다닐까?

제1장에서는 고양이의 표정, 바디랭귀지(신체언어), 울음소리의 신호를 살펴보았습니다. 고양이끼리 커뮤니케이션을 할 때 가장 중요한 신호가 있습니다. 그것은 바로 **냄새 신호**입니다.

고양이에게는 사람은 감지할 수 없는 각기 고유의 냄새가 있습니다. 특히 입 주위, 볼, 이마, 턱, 꼬리 뿌리부분(등쪽)이나 항문 주위, 손과 발의 뒷부분에 있는 분비선에서 냄새를 가진 **생화학물질(페로몬)**을 분비합니다. 고양이의 냄새는 사람의 명함처럼 고양이끼리 서로를 인식하는 데에 큰 역할을 합니다.

고양이에게는 자신의 **냄새를 여러 장소에 묻히는 습성**Marking. 마킹이 있습니다. 고양이를 키우는 사람이라면 고양이가 기둥이나 테이블 다리(집사의 다리도), 열린 문 등에 얼굴이나 몸, 꼬리 뿌리부분을 비비적거리며 걷는 것을 본 적이 있지 않나요?

발톱 갈이를 할 때도 발가락 사이의 냄새를 묻히는 것입니다. 발톱을 간 흔적에서는 냄새뿐만 아니라 시각적인 어필 효과도 있습니다.

좋아하는 장소(자주 있는 장소)에도 물론 자신의 냄새가 묻어 있습니다. 사람의 코로는 감지할 수 없지만 고양이를 키운다면 실은 집안 가득 고양이 냄새투성이일 것입니다.

고양이는 이런 냄새를 수일간은 감지할 수 있다고 합니다. 묻은 냄새에서 '킁킁 이거 친구 미양의 냄새로군' 하고 인식하거나 자신이 묻힌 냄새를 다시 맡으며 '흥흥 여기에 내 냄새가 묻어있구만' 하고 자신의 영역이라는 것을 재인식하며 안심합니다.

집 안에 고양이가 2마리 이상 있다면 '여기는 내 냄새가 나니까 내 것'이라고 다른 고양이에게 주장하려는 의미도 있습니다. 하지만 혼자 있는 고양이도 여러 장소에 냄새를 묻히고 다닙니다. 그것은 자신의 소유권을 주장하기보다도 **자신의 냄새로 둘러싸인 편안한 공간을 만들고자 하는 것**이라고 해석하는 편이 좋겠지요.

우리들이 방 안에 좋아하는 사람의 사진이나 익숙한 물건을 두고 안락한 공간을 만드는 것과 같은 이치입니다.

발톱 갈이는 발톱을 손질하는 것뿐만 아니라 냄새나 흔적으로 자신의 존재를 어필하려는 목적도 있다.

고양이에게는 각기 고유의 냄새가 있어서 고양이끼리는 냄새로 서로를 인식한다. 고양이는 자신이 가는 곳마다 냄새를 묻혀 안심하는 습성이 있다.

무엇 때문에 쉬야(오줌) 마킹을 하는 것일까?

마킹 행동 중에서도 고양이가 쉬를 하는 소변 스프레이는 최강의 냄새 묻히기라고 할 수 있습니다. 중성화나 피임수술을 하지 않은 채 성적으로 성숙한 고양이에게 특히 잘 보이는 행동입니다. 발정기의 암컷과 그 기세로 파트너를 찾는 수고양이는 소변 스프레이로 '파트너 모집 중'이라는 메시지를 남깁니다. 즉 소변 스프레이는 성별, 연령, 서열, 발정주기 등의 '개인 정보'를 공개하는 것이지요.

특히 중성화하지 않은 수고양이의 소변에는 **펠리닌**feline이라는 페로몬 전구체(원료) 물질이 포함되어 있어서 사람의 후각으로도 1~2주 정도는 감지할 수 있을 만큼 강렬한 냄새를 풍깁니다. 펠리닌 냄새는 고양이 먹이의 질에도 좌우됩니다. 그래서 수고양이는 자신이 양호한 영양 상태에 있으며, 나아가서는 **얼마나 높은 번식능력을 갖고 있는가**를 암고양이나 라이벌 고양이에게 과시하는 것입니다.

이 소변 냄새가 공기와 섞여 옅어지면서 고양이는 그 메시지를 언제쯤 남긴 것인지도 읽어낼 수 있습니다. 이것은 자기 영역의 공유 부분(영역 경계 부근)에서 고양이끼리의 충돌이나 싸움을 피하는데도 큰 역할을 하고 있습니다. (56쪽 참조)

플레멘(flehmen)반응은 냄새를 분석하는 것

수고양이는 암고양이가 남긴 소변 냄새를 집요하게 맡은 후에 몇 초 동안 황홀한 듯 입을 반쯤 벌리고 냄새를 '음미하는' 것처럼 약간 얼빠진 표정을 하고 있습니다. 이것을 **플레멘**flehmen**반응**이라고 부르며 입 천장의 앞쪽 부분, 앞니 뒤 근처에 있는 야콥슨기관Jacobson's organ이라는 후각기관에 냄새를 받아들여 엄밀히 분석하고 있는 것입니다.

이 정보는 본능이나 감정을 담당하는 대뇌변연계로 직접 전달됩니다. 수고양이뿐만 아니라 고양이에 따라서는 페로몬 외에도 어떤 종류의 냄새(캣닢Catnip이나 개다래나무, 가죽, 방향제, 사람의 땀이나 발 냄새 등)에 플레멘 반응을 보이는 고양이도 있다고 합니다.

더군다나 반려묘가 중성화 수술을 받았음에도 불구하고 집안에 소변을 뿌리는 경우가 있습니다. 키우는 입장에서는 골치 아픈 문제이지만 이런 때 고양이는 어떤 스트레스를 느껴서 소변 스프레이의 강렬한 냄새를 남겨 안심하기 위한 것이지요. 고양이 나름대로는 문제를 해결하고자 하는 것입니다. 이런 때는 밖에서 느껴지는 다른 고양이의 낌새나 같이 사는 고양이와 긴장된 관계 등의 스트레스 원인을 찾아내 대처하는 것이 중요합니다.

오줌 마킹은 파트너를 찾거나 고양이끼리의 충돌이나 싸움을 피하기 위한 중요한 커뮤니케이션 수단이다. 오른쪽은 고양이 플레멘 반응.

17

사이좋은 고양이들은 어떻게 커뮤니케이션을 할까?

사이좋은 고양이의 기본 인사법을 살펴볼까요? 우선 안면이 있는 고양이들은 제1장에서 설명한대로 4~5m 정도 떨어진 곳에서도 꼬리를 수직으로 바짝 세우면서 다가옵니다. 꼬리를 세우는 것은 친밀감을 표현하는 것이지요. 어느 한쪽(대부분은 서열이 낮은 고양이)이 꼬리를 세우고 다가오는 경우도 있습니다.

그리고 코와 코를 갖다대고 '킁킁 정말 미양이야?' 하고 말하는 것처럼 상대의 냄새를 확인합니다. 얼굴에는 냄새를 풍기는 분비선이 밀집되어 있기 때문입니다. 코로 뽀뽀하듯이 보일 때도 있습니다. 이것은 사실 **냄새를 확인하고 있는 것**이지요.

사이가 좋은 고양이라도 무언가 다른 냄새(예를 들면 다른 동물의 냄새나 동물병원 냄새)가 나면 반사적으로 뒤로 물러섭니다. 확인이 무사히 끝나면 서로 얼굴이나 몸 냄새를 맡아대거나 머리나 몸이나 꼬리를 비비적거리며 문질러 냄새를 교환합니다. 그 다음에 엉덩이 냄새를 확인할 때도 있습니다. 꼬리의 뿌리 부분 주변에도 냄새를 풍기는 분비선이 밀집되어 있기 때문입니다.

마찬가지로 어느 한쪽(대부분 서열이 낮은 고양이)이 꼬리를 들고 엉덩이 냄새를 맡게 하는 경우가 많지요. 이것은 새끼 고양이 때 어미 고양이가 엉덩이를 핥아 깨끗이 닦아 주던 것의 흔적이라고 합니다. 서로 엉덩이 냄새를 맡으면서 어느 한쪽이 멈출 때까지 빙글빙글 돌 때도 있습니다.

인사가 끝나면 사이좋은 고양이는 몸을 딱 붙여서 꼬리를 휘감으면서 함께 나란히 산책하거나 그루밍을 하거나 몸을 맞대고 낮잠을 자거나 하며 편안한 한때를 보내곤 합니다.

집단생활을 하는 고양이는 서로 얼굴이나 몸을 비비적거리거나 그루밍하는 것으로 **냄새를 교환하여 집단의 냄새를 만들고 공유**합니다. 보통 같은 냄새가 나는 동료 고양이에게는 공격성을 보이지 않지요.

🐾 사이좋은 고양이의 인사법

① 꼬리를 세우고 다가오는 것은 적의가 없다는 사인

② 고양이의 인사는 냄새를 확인하는 것부터 시작한다. 우선 얼굴 냄새부터

③ 다음은 몸 냄새

④ 엉덩이 냄새도

⑤ 비비적거리기

⑥ 나란히 산책

핥는 것은 사이가 좋다는 증거일까?

집단 중에서도 특히 사이가 좋은 고양이끼리는 가까이(1m이내)에서 지내는 시간이 길고 **상대를 혀로 그루밍**해 주는 시간도 역시 길다고 합니다.

어미 고양이는 새끼 고양이의 엉덩이를 핥아 배변을 유도하거나 몸을 깨끗이 핥아주어 청결하게 유지합니다. 새끼 고양이는 어미 고양이가 핥아주는 것으로 따뜻한 체온을 느끼면서 그르르하고 목을 울리며 안심합니다. 그러면서 어미 고양이와 강한 유대가 생기는 것이지요.

새끼 고양이도 생후 4주 정도가 되면 스스로 그루밍을 할 수 있고 형제끼리 서로 그루밍을 해 주기 시작합니다. 이런 스킨십은 몸을 청결하게 유지하는 것뿐 아니라 혈액순환을 촉진시켜주는 마사지 효과와 릴랙스 효과가 있습니다. 또한 상대의 몸을 핥은 뒤 자신의 몸을 핥는 것으로 냄새를 공유하고 무엇보다도 동료 사이의 강한 유대를 키우는 역할을 맡고 있습니다. 그 후에 새끼 고양이가 성장해서도 스스로 핥을 수 없는 머리나 목 부근을 다른 고양이와 서로 그루밍하곤 합니다.

그루밍은 **마음이 맞는 고양이에게 보이는 친밀감이나 우정의 표현**이기도 합니다. 고양이들이 함께 그루밍을 한다는 것은 서로 신뢰하고 있다는 증겁니다.

집 안에서 여러 마리의 고양이를 기르고 있다면 사이가 좋은 고양이끼리는 상대 고양이를 그루밍해 주거나 함께 들러붙어서 잠자거나 아무튼 가까이 있는 시간이 길다는 것은 바로 알 수 있는 사실입니다. 더울 때도 들러붙어 있고 상대를 베개처럼 베고 자곤 합니다. 새끼 고양이 때부터 함께 큰 고양이는 성묘가 되어도 계속 친하게 지낼 가능성이 높습니다. 그 때문에 고양이를 2마리 키우려 한다면 처음부터 2마리를 동시에 키우는 것이 이상적인 방법일 것입니다.

🐾 이런 커뮤니케이션을 한다면 친하다는 증거

① 꼬리를 세우거나 코 뽀뽀 인사를 한다. (코와 코를 마주 대고 냄새를 확인)

② 머리, 몸, 꼬리를 비비적거린다. (냄새 묻히기)

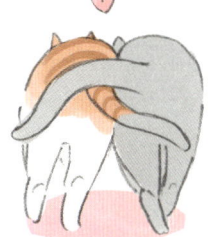

③ 꼬리를 서로 휘감는다.

④ 서로 핥아준다(상호 그루밍) + 그르르 하고 목을 울린다

⑤ 더워도 찰싹 붙어있는다. 상대를 베개 삼아 함께 잔다.

고양이에게도 사회적 거리가 있을까?

인간은 친한 사람이나 좋아하는 사람하고 바로 가까이 있을 수 있지만 잘 모르는 타인이 너무 가까이 다가오면 불쾌감이나 혐오감을 느끼기도 합니다. 이 거리에는 민족 차나 개인 차가 존재합니다.

사회적 거리

고양이는 상대와의 거리를 항상 인식하고 자신의 몸을 지키기 위해 상대와 적절한 거리를 유지하려고 합니다. 이것을 **사회적 거리**라고 합니다. 물론 이 거리는 고양이마다의 사회성이나 고양이 사이의 관계, 혹은 같은 고양이라도 상황에 따라 바뀌기도 합니다. 일반적으로 새끼 고양이 때(적어도 생후 8주까지는) 어미 고양이나 형제 고양이와 함께 지내고 그 다음에도 다른 고양이와 접촉이 있었던 고양이는 다른 고양이에 대한 사회성을 가지고 있다고 합니다.

도망 거리

상대(모르는 고양이나 동물)가 가까이 다가와 위기를 느끼면 고양이는 일단 도망가려고 합니다. 이렇게 도망갈 수 있는 거리를 **도망 거리**라고 하며 개체 차가 있습니다. 평균 2m 전후라고 알려져 있으며, 몸 어딘가에 통증이 있거나 몸 상태가 안 좋으면 같은 상황이라도 고양이는 도망 거리를 넓히기도 하고 상대가 아직 멀리 있는데도 도망가려고 합니다.

또 상대가 접근해 오는데 도망갈 수 없는 상황이라면 고양이는 자신의 몸을 지키려고 위협이나 공격을 하기도 합니다. 이 거리를 **위험 거리**라고 합니다. 위험 거리도 상황에 따라 바뀝니다. 예를 들면 새끼 고양이를 데리고 있는 암고양이의 위험 거리는 수십 미터에 이르는 경우도 있습니다. 즉 떨어져 있음에도 불구하고 새끼 고양이를 지키기 위해 공격해 올 가능성도 있다는 것이지요.

개체 거리

또한 고양이에게는 커뮤니케이션을 하는 상대가 자신과 가까이 있는 것을 허락하는 **개체 거리**라는 것이 있습니다. 찰싹 붙어서 함께 자고 있는 친한 고양이에 대한 개체 거리는 밀접한 거리로 0㎝라고도 합니다. 마찬가지로 사이 좋은 고양이에 대해서는 도망 거리나 위험 거리도 거의 존재하지 않는다고 해도 과언이 아닙니다. 하지만 상황에 따라서는 거리가 생기는 경우도 있습니다. 예를 들면 갑자기 놀라거나 상대 고양이에게 동물병원 냄새가 나거나 하는 경우가 그렇습니다.

집 안에서 함께 살고 있는 고양이끼리도 상대에 따라서 거리를 두기도 하고 사람의 눈에는 보이지 않는 암묵적인 경계선이 있기도 합니다. 싸우지 않고 '이 이상 다가오지마!'라는 일정 거리를 유지하면서 생활하는 고양이도 있다는 것이지요.

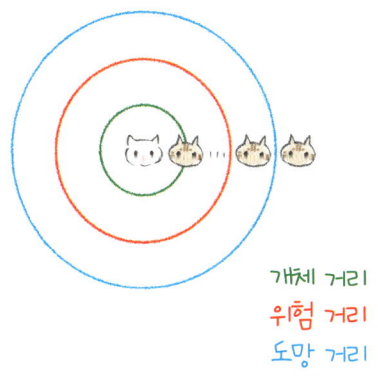

고양이 사이에서도 사회적 거리가 있다. 도망 거리는 상대가 어느 정도 이상 다가오면 도망가 버리는 거리. 위험 거리는 상대가 어느 정도 이상 가까워지면 공격을 하는 거리. 개체 거리는 동료 고양이가 접근할 수 있는 거리.

고양이의 영역은 무엇 때문에 존재할까?

고양이 사이에도 사회적인 거리가 있다는 것을 근거로 하여 고양이의 영역에 대해 살펴봅시다. 고양이가 여러 장소에 자신의 냄새를 묻힌다고 설명 했었지요. 그것은 자신의 영역territory을 주장하기 위한 것입니다. 이 영역은 대체 무엇 때문에 존재하는 것일까요?

영역이란 본래 고양이가 살아가기 위한 자원(식량이나 물, 안전한 장소, 파트너)을 확보하기 위한 공간입니다. 집단으로 이동하는 동물, 예를 들면 개 등은 반드시 서열이라는 것이 존재합니다. 이것은 집단 생활로 발생하는 다툼을 피하고자 만들어진 중요한 사회 규칙입니다.

한편으로 단독 행동으로 사냥을 하는 고양이에게는 다른 고양이와의 다툼을 피하기 위해 일정 거리를 둔다라는 사회 규칙이 있습니다. 그 때문에 고양이는 개개(또는 그룹)의 영역을 만듭니다.

영역의 중심부에는 고양이가 하루 대부분을 유유자적하며 보낼 수 있는 개인적인 공간인 **서식지 영역**home territory이 있습니다. 서식지 영역을 중심으로 고양이가 사냥을 하거나 정기적으로 순찰을 하는 행동 범위를 **행동권**home range이라고도 부릅니다. 고양이에게 있어서는 영역의 중심지에 가까워질수록 중요한 의미를 가지며 중심의 서식지 영역을 외지 고양이에게 침범 당하면 맞서 싸워서라도 지키려고 합니다.

영역의 경계선 부근은 조심스럽게 체크

고양이의 머릿속에는 자신의 영역을 그린 지도가 확실히 입력되어 있습니다. 그리고 매일 규칙적으로 영역을 순찰하지요. 영역이 서로 겹치는 경우가 많아서 경계 부근에서는 냄새를 맡아서 다른 고양이가 왔다 갔는지를 조심스럽게 체크합니다. 자신의 냄새를 남기는 것에도 여념이 없지요.

마당에 있는 선반이나 담장, 도로 등 사람이 만든 것을 영역 경계의 표시로서 많이 사용합니다. 이 경계 부근에서는 소변 마킹 외에도 대변을 일부러 눈에 띄는 곳에 누는 경우가 있습니다. 고양이가 그곳을 언제 지나갔는지 냄새 메시지를 남겨 만나는 것을 피하거나 영역을 시간 차로 사용하는 고양이끼리의 암묵적인 규칙이 있기 때문입니다.

고양이는 원래 서식지 부근에서는 적에게 냄새를 들키지 않기 위해서 또는 자신이 잠자는 곳 부근을 위생적으로 유지하기 위해서도 소변이나 대변을 본능적으로 숨기는 습성이 있습니다. 그러나 영역의 경계선 부근에서는 대변을 일부러 숨기지 않지요. 이것은 성별을 불문하고 유난히 서열이 높은(자신 있는) 고양이에게서 자주 볼 수 있는 행동입니다.

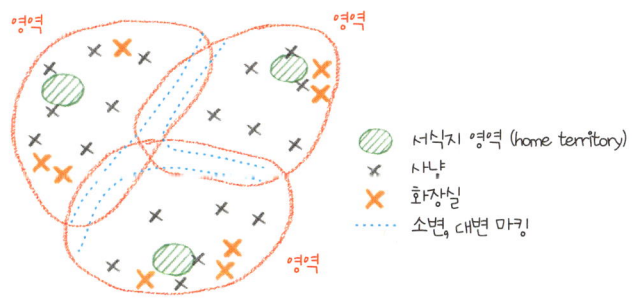

영역은 고양이가 살아가는데 있어서 필요한 자원(식량이나 물, 안전한 장소, 파트너)을 확보하기 위한 공간. 고양이는 영역을 가지는 것으로 다른 고양이와의 충돌을 피한다. 영역이 겹치는 부분에는 소변이나 대변 마킹을 해서 '메시지'를 남긴다.

고양이 영역의 크기는 얼마만 할까?

집에서 사는 고양이의 영역 크기는 조사한 나라나 지역, 고양이의 생활양식에 따라 큰 차가 있기 때문에 일률적으로는 말할 수 없습니다. 길고양이에 대한 조사 결과에 의하면 고양이 밀도는 1㎢ 당 한 마리(뉴질랜드, 호주)에서 2,350마리(일본의 아이노시마)까지 지역에 따라 큰 차이가 있습니다.

개체 차나 지역 차도 있지만 자유롭게 밖으로 나갈 수 있는 반려묘나 사람에게 먹이를 얻어먹으면서 사람의 생활권에서 살아가는 길고양이의 행동권은 의외로 좁아서 **150m사방** 정도라고 합니다. 이런 경우 먹이를 먹는 곳도 서식지 영역 내 혹은 그 부근에 있는 경우가 많습니다.

길고양이라도 보통은 사냥감이 풍부한 장소(어촌이나 농가 등)에서 식량(사냥감)을 구하면서, 가끔 사람에게 먹이를 얻어먹으며 생활하는 경우에는 행동권이 **500m사방**까지 넓어집니다.

사람에게 전혀 의존하지 않고 사람의 생활권에서 떨어져 야산 등에서 단독으로 사냥을 하며 지내는 야생화된 길고양이라면 더욱 광대해지겠지요. 고양이 사이의 행동권은 꽤 거리가 있어서 번식기 이외에는 고양이끼리 만나는 경우가 없을 만큼 광대한 영역인 경우도 있다고 합니다.

풍족한 고양이의 영역은 좁다

영역의 크기는 식량이 충분히 있는지, 중성화 수술을 포함하여 고양이가 사람의 보호나 관리를 받고 있는지에 따라 크게 달라집니다.

식량(사냥감)이 적은 지역이라면 고양이는 식량을 구하러 행동권을 넓혀가기 때문에 밀도가 감소하는 경향이 있습니다. 반대로 식량이 충분히 보장된 지역이라면 다른 고양이와 식량을 두고 싸울 필요도 없기 때문에 영역이 점점 좁아져도 괜찮습니다. 즉 고양이의 밀도는 늘고 필연적으로 영역도 겹치게 됩니다.

더군다나 고양이는 잠자는 곳을 이따금씩 바꾸는 습성이 있습니다. 영역 안에서 복수의 서식지 영역을 소유하는 고양이도 있지만 배설은 서식지 영역으로부터 조금 떨어진 곳에 합니다.

개인적인 장소라고도 할 수 있는 서식지 영역을 중심으로 사냥이나 순찰을 하는 행동권까지가 영역. 고양이 밀도가 높은 곳에서는 영역이 겹친다. 식량이 적으면 고양이는 영역을 넓혀가고 식량이 충분하면 좁혀가며 영역이 서로 겹쳐진다.

 수컷과 암컷은 영역의 크기가 다를까?

평균적으로 중성화하지 않은 수고양이의 영역 넓이는 암고양이나 중성화한 수컷고양이 보다 3.5배나 넓다고 알려져 있습니다. 번식기에는 이 차이가 10배나 더 넓어지기도 합니다. 수고양이는 암고양이의 발정기에 암고양이를 찾아 행동권을 넓혀가기 때문입니다.

보통은 영역을 공유하지 않는 수컷끼리라도 암컷의 번식기에는 영역이 겹치는 경우가 있습니다. 영역의 경계 부근에서는 암고양이도 수고양이도 마킹이 늘어나고 수고양이끼리 암고양이를 두고 충돌하거나 싸울 때도 있습니다.

식량이 충분히 확보되면 수고양이에게는 상대 파트너인 암고양이를 얻는 것 그리고 암고양이에게는 가능한 한 안전한 장소에서 새끼 고양이를 기르는 것이 영역의 중요한 역할입니다.

성별을 불문하고 성질이 강한 고양이는 겁이 많은 고양이에 비해 영역이 큽니다. 암고양이는 중성화를 한 수고양이에 비해 영역이 작지만 그만큼 경계심이 강해서 영역에 구애됩니다. 수고양이보다도 영역을 지키고자 하는 의식이 강한 고양이는 바로 새끼 고양이를 데리고 있는 어미 고양이입니다. **새끼 고양이를 데리고 있는 어미 고양이는 자신의 영역(특히 서식지 영역)**을 필사적으로 지킵니다.

기본적으로 서식지 영역에서 멀어지면 멀어질수록 즉 행동권 바깥쪽으로 갈수록 고양이의 불안감은 커집니다. 그러나 드물지만 다른 고양이의 영역에 침입해서 서식지 영역까지 아무렇지도 않게 침입하는 강심장 고양이도 있습니다. 이웃의 반려묘를 키우는 집에 침입하는 고양이를 예로 들 수 있습니다.

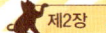 제2장 고양이끼리의 커뮤니케이션

수고양이는 암고양이의 번식기에 암고양이를 구하려 영역을 넓히고 꼼꼼히 순찰을 돈다. 중성화를 하지 않은 수고양이의 영역은 중성화를 한 수고양이나 암고양이보다 3.5배나 큽니다.

새끼 고양이를 데리고 있는 암고양이는 자신의 영역을 목숨을 걸고 지킨다. 고양이는 영역 중심에 있는 서식지 영역에 가까워질수록 안심한다.

23

고양이가 영역 경계에서 만났을 때의 규칙은 무엇일까?

고양이들은 영역 경계 부근에서는 다른 고양이와 최대한 만나지 않도록 신경씁니다. 그러나 모르는 고양이를 갑자기 만나는 경우도 있을 것입니다.

그런 때는 충분한 거리(평균 2m 정도)가 있다면 서열이 낮은 고양이는 다른 쪽을 보거나 눈을 맞추지 않고 '싸울 생각 없어'라는 의사를 표명합니다. 그리고는 그 장소에서 멈춰서거나 상대 고양이가 지나가는 것을 앉아서 기다립니다. 고양이는 주로 표정이나 보디랭귀지로 **본능적으로 자신의 서열을 판단**할 수 있습니다.

서열이 높은 고양이는 그대로 유유히 지나갑니다. 서열이 낮은 고양이는 서열이 높은 고양이가 보이지 않을 때 그곳을 떠납니다. 이렇게 고양이 사회는 양보 정신으로 가득합니다. 이것은 되도록 싸움을 피하고 불필요한 에너지 낭비나 부상을 방지하기 위한 본능입니다. 작은 상처라도 움직임이 제한되면 단독으로 사냥하는 고양이에게는 목숨이 달린 일인지도 모릅니다.

또 두 마리가 함께 한 장소에 앉아서 상대가 어떻게 나올지를 기다리는 경우도 있습니다. 그때도 제1장에서 설명했듯이 얼굴 표정이나 보디랭귀지의 미묘한 변화로 고양이끼리 커뮤니케이션을 하고 있는 것입니다.

모르는 고양이들이 서로의 냄새를 맡는 경우도 있다

또 모르는 고양이끼리라도 코를 갖다 대고 냄새를 맡는 경우도 있습니다. 이 때에는 친한 고양이 사이의 인사와는 다르게 긴장된 상황으로 몸을 뒤로 빼고 될 수 있는 한 목을 앞으로 빼서 쭈뼛쭈뼛 코를 갖다 댑니다. 그리고는 냄새를 확인하는 것이죠. 냄새가 마음에 들지 않아 한쪽에서 먼저 위협하고 상대가 도망갈 때도 있습니다.

냄새가 괜찮다면 이번에는 엉덩이 냄새를 맡습니다. 자신의 엉덩이 냄새는 상대에게 맡게 하고 싶지 않지만, 상대방의 엉덩이 냄새를 확인하려고 서로 빙글빙글 회전하기도 하지요.

마지막으로 어느 한쪽에서(서열이 낮은 고양이) 회전을 그만두고 엉덩이 냄새를 맡게 하거나 또는 어느 한쪽에서 먼저 싫어하며 위협을 가하고 도망가는 경우도 있습니다. **어떻게 될지는 그때의 상황이나 고양이의 사회성에 따라 다릅니다.**

고양이는 양보 정신으로 가득하다. '눈 깔아라옹'. 이런 경우 오른쪽 고양이의 패배이다.

냄새를 확인하고 상대 고양이를 위협하는 경우도 있다.

24

고양이끼리의 싸움에서 규칙은 무엇일까?

그러나 좁은 장소에서 서로를 확인할 공간이 없거나 위협의 효과가 없거나 어느 쪽에서도 양보하지 않는다면 싸움을 피하지 못할 것입니다.

몸의 크기가 확실하게 다른 수컷과 암컷 사이에서는 싸움으로 발전하는 경우가 거의 없습니다. 그렇기 때문에 **대부분의 경우 암컷은 암컷과, 수컷은 수컷과 싸움이 일어납니다.**

일반적으로 고양이는 치명상을 입을 정도의 싸움을 좀처럼 하지 않으나, 라이벌 관계의 수고양이는 암고양이의 발정기에 영역을 둘러싸고 격한 싸움을 하기도 합니다.

싸움은 아주 가까운 거리에서 서로를 노려보는 것으로 시작합니다. 위협을 하기도 하고 목소리의 톤은 제각각이지만 짖어대듯이 '우워어우우'나 '와우우우와우' 하며 '싸움의 노래'를 장시간 계속합니다. 이때 자율신경계의 작용으로 침이 많이 분비되어서 노래 도중 침을 삼키거나 입을 핥기도 합니다.

어느 쪽 고양이도 상대의 급소인 목을 물려고 가능한 한 유리한 태세(높은 위치)에서 덮칠 기회를 노립니다. 목을 물린 고양이는 뒤집혀서 사지를 사용해 반격합니다. 두 마리는 털을 휘날리며 뒹굴고 짧은 공격이 계속 반복됩니다.

잠시 휴전 상태에 접어들며 노려보거나 갑자기 서로를 그루밍하기 시작하는 경우도 있습니다. 이것은 **전위행동**이라고 하며 긴장했을 때 마음을 진정시키고 침착하려고 하는 행동입니다. 서로 맞붙다가 일시적으로 휴전하기를 반복하며 결국 한쪽이 먼저 항복(눈치를 보다가 그 장소에서 도망치거나 기진맥진하여 웅크리거나)하여 승부가 갈립니다.

승리한 고양이는 도망치려는 고양이를 수 미터 정도 형식적으로 쫓 거나 싸우던 곳에서 그루밍을 하면서 곧바로 자리를 뜨지는 않습니다. 잠시 동안 그렇게 시간을 때우다가 득의양양하게 그 자리를 떠납니다. **한번 승부가 갈리면 승리한 고양이는 그 이상 공격하지 않습니다.** 그리고 다음부터 패배한 고양이는 승리한 고양이를 보면 되돌아간다고 합니다. 이걸로 영역의 '우선통행권'이 결정되는 것이죠.

그렇다고는 해도 우선통행권은 특정 장소와 시간에 한정된 우선권입니다. 만약 승리한 고양이가 패배한 고양이의 서식지 영역에 가까워지면 반격당합니다. 자신의 서식지 영역에서는 어디까지나 그곳의 고양이가 우세하기 때문입니다. 이 때문에 다른 고양이의 서식지 영역을 빼앗으려고 고양이 스스로 싸움을 거는 일은 거의 없습니다.

고양이의 싸움 규칙. 노려보는 것으로 위협하기 시작한다. 상대의 목을 노리고 태세를 갖춘다. 기습적으로 덮쳐 물어 버린다. 고양이 펀치나 발로 차는 것으로 반격한다. 맞붙기를 몇 차례 반복하면서 승부를 낸다. 도중에 자신의 입을 핥거나 그루밍을 하는 등 마음을 가라앉히기 위한 일시적인 휴전을 갖는 경우도 있다. 목을 물린 고양이가 몸을 뒤집어 밑에서 상대를 부동켜 안고 걷어차며 반격할 때도 있다.

고양이들은 왜 밤에 집회를 여는 것일까?

해질녘이나 한밤중 영역 가까이의 정해놓은 장소에 주변 고양이들이 불규칙적으로 모이는 경우가 있습니다. 고양이의 영역이 겹치는 곳, 즉 고양이의 거주 밀도가 어느 정도 높은 곳에서 자주 볼 수 있습니다. 이 같은 현상은 다양한 국가나 지역에서 목격되고 있습니다. 집회는 낮에 열릴 때도 있다고 합니다. (양지쪽에서 햇볕을 쬐고 있는 것인지도 모르겠지만)

집회 장소는 사람이 잘 지나다니지 않는 뒷골목이나 공터, 공원, 주차장, 지붕 위 등으로 다양합니다. 주로 **중립적인 장소**에서 모이지요. 그곳에 식량이 있는 것도 아니고 그렇다고 파트너를 찾는 것도 아니며 특별히 모일 이유가 없어 보입니다.

다른 장소에서 만나면 싸우는 고양이들도 이때만큼은 무관심합니다. 어느 정도 거리를 두면서 조용히 앉아 있는 경우가 많습니다. 또 그루밍을 하거나 가끔 단지 주변을 둘러보는 등 그야말로 평화로운 고양이 모임이라고 할 수 있지요.

이 모임은 1~2시간 정도 진행된 뒤 모일 때와 마찬가지로 자연스럽게 해산됩니다. 아쉽게도 이런 신기한 고양이 모임의 이유는 사람이 알 수 없고 추측만이 존재 할 뿐입니다.

모임에는 항상 거의 같은 멤버가 모입니다. 어쩌면 영역을 부분적으로 공유하는 고양이들이 고양이 사회의 평화를 해치는 불청객이 있는지를 확인하고 또 새로운 멤버가 된 새끼 고양이나 없어진(죽은) 멤버가 있는지를 넌지시 (냄새로라도) 확인하는 **고양이들의 회합** 같은 것이 아닐까 추측합니다.

여기서 만남을 가지는 멤버는 확실히 서열이 높은 고양이들이고 영역의 경계에서 만나도 큰 싸움을 일으키지 않습니다. 틀림없이 고양이들이 평화를 유지하기 위해 만들어 낸 고양이 사회에서의 커뮤니케이션 중의 하나일 것입니다.

고양이 집회는 고양이 사이를 확인하는 '회합' 같은 것이다. 세계 각국의 여러 곳에서 목격되고 있다.

집고양이에게도 영역이 존재할까?

집고양이에게도 물론 영역은 존재합니다. 밖을 자유롭게 다니는 반려묘의 경우 집이 서식지 영역이 되고 순찰을 도는 마당이나 그 주위가 행동권입니다.

안전하게 실내에서만 기르는 고양이라면 하루 중 대부분을 보내는 잠자리 등 마음에 드는 장소가 서식지 영역입니다. 그리고 발코니를 포함하여 왔다 갔다 할 수 있는 모든 방이 행동권이라고 할 수 있지요.

방 하나에서 고양이를 키우고 있다면 서식지 영역은 소파 위나 캣타워 등 서식지 영역과 행동권이 거의 같은 경우도 있습니다. 여러 마리의 고양이를 키운다면 같은 서식지 영역 안에 각각의 고양이가 마음에 드는 서식지 영역을 가지고 있습니다.

역시 실내에서 사는 고양이의 영역은 좁습니다. 그러므로 **고양이의 욕구를 충족시켜 줄 수 있도록 거주 공간에 대해 연구해야겠지요.** 예를 들면 방 안에서 위아래로 이동할 수 있게 하거나 안심하고 숨을 수 있는 장소를 많이 만들고 발톱을 갈 수 있는 장소나 밖을 관찰할 수 있는 장소를 만들어 주는 것 등이 있습니다. 또 고양이와 충분히 놀아주고 스킨십을 하는 시간을 가지면 고양이는 실내에서도 충분히 행복하게 살아갈 수 있습니다.

여러 마리를 키울 때에는 각자의 영역을 정해준다.

고양이를 실내에서 여러 마리 키우는 경우에는 모든 고양이가 안심하고 편안히 지낼 수 있는 장소(서식지 영역)와 식사, 물 마시는 곳, 화장실을 준비해주는 것이 중요합니다. 어미 고양이와 새끼 고양이, 형제 고양이, 어릴 때부터 같이 자란 고양이들은 서식지 영역을 공유

할 때도 있습니다. 그러나 언뜻 보기에 사이가 좋아 보이는 고양이들도 방해 받지 않고 혼자 릴랙스할 수 있는 장소가 필요합니다.

고양이 사이의 관계가 좋지 않은 경우는 영역이 좁아질수록 충돌하기 쉬워집니다. 고양이의 사회적 거리(54쪽 참조)를 충분히 유지할 수 있는 공간이 필요합니다. 또 고양이는 타지의 고양이와는 서식지 영역을 공유하지 않습니다. 새로운 고양이를 들여오면 먼저 있던 고양이가 자신의 영역을 침범 당했다고 느껴서 신입 고양이에게 공격을 가할 때도 있으니 **충분한 배려**가 필요합니다.

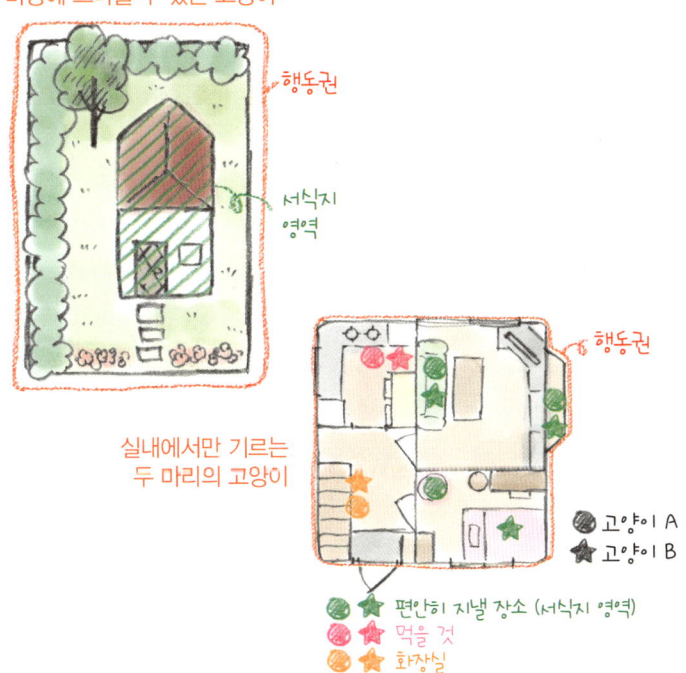

27 고양이끼리 영역을 공유하는 경우도 있을까?

단독으로 사냥하는 고양이는 각자의 영역을 가지고 단독으로 생활한다는 이미지가 있습니다. 그러나 충분한 식량과 장소가 있는 지역에서는 고양이도 환경에 따라 **콜로니**(colony. 집합체)를 형성하고 원만한 사회관계를 유지하면서 집단생활을 한다는 것이 밝혀졌습니다. 행동권이 대부분 100% 겹쳐져 있는 형태라고 생각하면 됩니다. 물론 '독불장군'처럼 방랑하는 고양이도 있습니다. 하지만 어느 정도 사회성이 있는 고양이는 집단생활에 잘 적응합니다.

길고양이의 콜로니에 관해서는 많은 연구 정보가 있습니다. 그러나 그 생활 양식의 종류는 '전부 100개라면 100가지다'라고 할 정도로 다양합니다. 이것은 고양이가 **환경에 얼마나 적응력을 가진 동물인지를 뒷받침**해주고 있습니다.

암고양이끼리 콜로니를 만들고 서로 협력하면서 새끼를 기른다는 것은 잘 알려져 있습니다. 암컷 새끼 고양이는 성묘가 되어도 그룹에 남고 혈연관계의 암컷끼리는 강한 단결심으로 묶여 있습니다. 수컷 새끼 고양이는 성장하면 스스로 영역을 만들어야 합니다. 암고양이의 콜로니는 번식기에만 주변의 수고양이와 영역을 공유합니다. 타지의 암고양이가 이 콜로니에 합류하는 경우는 거의 없습니다.

이외에도 수고양이 한 마리와 여러 마리의 암고양이로 이루어진 할렘 같은 콜로니와 수고양이, 암고양이가 섞여 있는 콜로니도 있습니다. 이런 경우도 수컷 멤버는 바뀌어도 암컷 멤버는 거의 바뀌지 않지요.

또한 가장 강한 보스 수고양이와 젊은 수고양이들 사이에는 **의형제**라고도 하는 가벼운 유대가 있다고 합니다. 물론 젊은 수고양이는 콜로니에서 바로 동료로서 받아들여지지는 않고 싸움을 반복한 후에 의

형제로서 인정받습니다. 하지만 보스 고양이도 나이를 먹으면 힘이 센 젊은 수고양이에게 패배하고 세대교체의 시기를 맞이합니다.

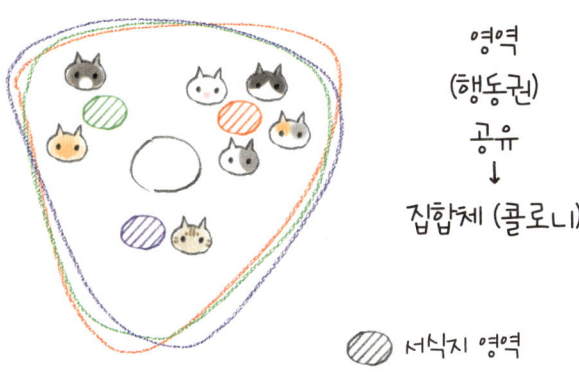

밖에서 사는 고양이의 생활양식은 다양하다. 환경에 따라서는 집단으로도 생활한다. 행동권이 거의 100% 겹치는 콜로니에서 집단생활을 하는 고양이도 있다.

고양이에게도 강아지와 같은 서열이 있을까?

집단생활과 함께 콜로니를 만들어 생활하는 고양이에게도 어느 정도의 사회적인 순위, 즉 **서열**이 만들어진다고 합니다.

서열이 낮은 고양이가 꼬리를 올리고 다가오거나 엉덩이 냄새를 맡게 하는 등 인사할 때 보디랭귀지에서도 서열을 추측할 수 있습니다.

서열은 상위 고양이가 하위 고양이를 위압하는 것이 아니라 고양이의 '평화주의 규칙'을 따르고 하위 고양이가 상위 고양이에게 양보하는 것으로 그룹 내에서의 사회관계를 안정시킵니다. 이것은 싸우지 않고 평화롭게 살아가기 위한 규칙입니다.

단 고양이의 서열은 확실한 수직 관계가 아니라 **상황에 따라 변화하는 유동적인 것**입니다. 기본적으로 중성화를 하지 않은 고양이는 중성화한 고양이에 비해 서열이 높습니다. 이외에도 성별, 연령, 체중, 머리 크기 등이 중요한 기준이 됩니다.

또 상위의 수고양이는 소변 스프레이를 하는 것이 다른 수고양이에 비해 많고 중요한 자원(식량이나 물, 안락한 장소)을 먼저 손에 넣을 수 있는 우선권이 있습니다. 때때로는 하위 고양이를 권위로 다스리고 이유 없이 손으로 치는 등의 태도를 취하기도 합니다. 그러나 콜로니 내에서는 순위가 높은 고양이가 낮은 고양이에게 공격성을 드러내지 않습니다. 어디까지나 외부 고양이를 향해서만 공격성을 드러냅니다.

식량에 대해서는 암고양이보다 수고양이에게 우선권(먼저 먹을 수 있는 권리)이 있으며 작고 젊은 고양이보다도 몸이 크고 나이가 위인 고양이에게 우선권이 있습니다. 특히 수고양이에서는 연령, 암고양이는 몸 크기가 서열을 정하는데 큰 기준이 됩니다. 다만 4~6개월 정도까지의 새끼 고양이는 암고양이뿐만 아니라 수고양이에게도 우대받으며 식사 때는 우선권을 부여 받습니다.

그러나 아주 최근에 도시(이태리, 로마)에서 고양이의 콜로니를 조사한 결과, 수고양이가 아닌 암고양이에게 식사 우선권이 있고 서열도 암고양이가 상위라는 보고도 있습니다. 암고양이가 많은 모계 사회 콜로니에서 수고양이의 지위가 위태롭다는 것일까요?

이 식량 우선권에 관해서는 '수고양이 쪽에서 관용한다', '수고양이도 다른 고양이와 함께 공동생활을 하는 과정에서 공격성이 약해졌다'는 견해가 있습니다.

순위가 최상위인 보스 고양이가 발정기의 암고양이에게 반드시 '애정의 상대'로 선택 받지는 않는 것처럼 고양이의 사회관계는 매우 복잡합니다.

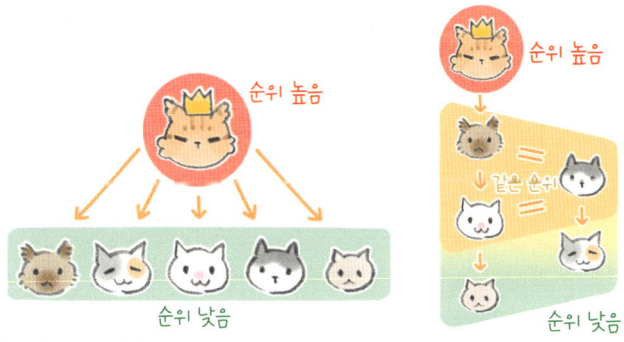

어느 정도의 사회관계는 그룹에서 집단생활을 하는 고양이에게도 생기지만 그 관계는 상황에 따라 변화하며 복잡한 것입니다.

집고양이에게도 서열이 있을까?

여러 마리의 고양이를 키우면 콜로니와 마찬가지로 어느 정도 서열이 생깁니다. 예를 들면 고양이가 3~4마리 있다면 그룹에서 자연스럽게 A~B~C(A~B~C~D)처럼 수직적인 서열 같은 것이 생깁니다. 고양이 수가 그 이상으로 늘어나면 수평적인 관계도 더해지며 사회관계는 더욱 복잡해집니다.

이런 관계는 약간의 변화로도 바뀌어 버리는 불안정한 것입니다. 그룹에서 고양이를 1마리 더 추가하는 것으로 사회관계가 완전히 붕괴되거나 반대로 싸움이 수그러드는 경우도 있습니다.

반려묘의 경우는 고양이가 스스로 형성한 콜로니와는 다르게 기본적으로 집사가 고양이를 선택합니다. 혈연관계가 아닌 고양이, 다른 종류의 고양이 등 고양이의 기질이나 연령에 큰 차이가 있을 수 있겠지요. 또 대부분의 경우 중성화를 한 고양이로 이루어집니다. 반려묘의 서열이 어떻게 정해지는가는 사실 제대로 밝혀진 것이 없습니다.

단지 사람에 대해서 사회성을 가진 고양이는 집사와 접촉할 때나 놀 때 솔선해서 오기 때문에(순위가 높다) **고양이와 집사와의 관계도 서열에 큰 관계가 있다고 할 수 있습니다.**

좁은 환경에서 너무 많이 기르면 '왕따'의 원인이 되기도 한다.

일반적으로 상위 고양이는 높고 안락한 장소에서 자리를 차지하고 다른 고양이에게 내주지 않습니다. 하지만 상위 고양이가 절대적인 권력을 갖는 것은 아닙니다. 상위 고양이는 하위 고양이가 앉아있는 곳을 반드시 뺏으려고도 하지 않고 '먼저 앉은 자가 임자'라는 규칙도 있는 듯 합니다.

제2장 고양이끼리의 커뮤니케이션

반려묘의 경우 식사는 충분히 잘 하고 있기 때문에 상위 고양이가 먼저 먹거나 독점할 권리를 가지고 있지는 않습니다. 다른 고양이의 밥을 맛보거나 밥그릇을 옆으로 잡아 당기는 고양이도 있습니다. 하지만 위협하거나 공격적인 태도로 식사를 가로채는 태도는 보여주지 않지요.

그러나 고양이가 스스로 형성한 콜로니와는 다르게 고양이의 밀도가 높아지면-즉 좁은 방에서 몇 마리나 키우게 되면 고양이들이 서로를 피하지 못해 하위 고양이가 상위 고양이에게서 도망가지 못하여 공격적으로 변하기도 합니다.

상위 고양이는 하위 고양이를 항상 감시하는 것이 일과가 되어 슬금슬금 다가서거나 필요하지 않은데 잠자는 곳이나 식사를 뺏으려고 하는 '짓궂은 고양이'가 되기도 합니다. 괴롭힘이 확대되면 '왕따 고양이'는 24시간 마음을 놓을 새 없이 스트레스 상태로 빠져들게 됩니다. 이런 때는 **왕따 고양이를 격리하는 등 재빠른 대처를 하는 게 중요합니다.**

반려묘를 여러 마리 기르게 되면 서열이 비슷한 경우가 생긴다. 어느 정도의 서열은 그룹 내에서 고양이의 사회 관계를 안정시킨다. 서열이 높은 고양이는 안락하고 높은 장소에 자리를 잡으나 '먼저 먹는 놈이 임자'라는 규칙도 있다.

고양이에게 양치질이 필요할까?

새끼 고양이 때부터 매일 입 안을 청결하게 유지하도록 습관을 들여 놓는 것은 치주질환을 예방해주며 고양이가 장수할 수 있는 비결입니다. 특히 습식사료 등 부드러운 식사를 주로 하는 고양이는 건식사료를 먹는 고양이보다 치아가 지저분해지기 쉽고 치석도 잘 생깁니다.

새끼 고양이 때부터 입 안을 만지는 것에 익숙해지도록 만드는 것이 가장 좋습니다. 하지만 시간이 걸리는 일이고 성묘가 되어서도 꾸준히 양치질에 길들여 가는 것도 가능합니다. 갑자기 양치질을 하면 싫어하므로 일단 고양이가 릴랙스하고 있을 때 얼굴을 어루만지면서 아무렇지 않은 듯이 입언저리와 치아를 만집니다. 입을 만졌을 때 저항을 없애는 것이지요. 다음은 집게손가락에 거즈를 두르고 따뜻한 물에 살짝 적셔서 치아를 만져봅니다. 거즈에 고양이가 좋아하는 습식사료의 국물을 묻히면 '거즈로 치아를 만진다=맛있다'라고 동기 부여가 됩니다.

너무 무리하지 않고 처음은 송곳니 1개를 1초 정도만 시도해도 됩니다. 거즈를 두른 손을 입 옆으로 넣고 천천히 만지는 치아의 수를 늘려갑니다. 그리고 치아 바깥쪽을 부드럽게 원을 그리며 문지릅니다. 이때 오른손잡이라면 왼손으로 고양이 머리를 뒤에서 끌어안듯이 가볍게 고정하고 엄지손가락과 집게손가락으로 입술을 위로 살포시 젖힙니다. 거즈로 문지르는 것만으로 충분히 효과를 볼 수 있습니다. 하지만 가능하다면 칫솔(고양이용이나 영유아용)을 사용하면 보다 효과적입니다. 1번에 30초 정도 양치를 주 2회 하는 것이 가능하게 되면 아주 훌륭합니다. 양치를 할 수 없는 경우라도 최근에는 다양한 덴탈케어 상품을 판매하고 있기 때문에 잘 이용해 보는 것도 좋습니다.

제 3 장

고양이와 사람의 커뮤니케이션

좋아하는 집사와의 커뮤니케이션 방법은 무엇일까?

제2장에서 고양이들의 커뮤니케이션을 설명했습니다. 하지만 고양이는 정말 좋아하는 집사에게도 비슷한 커뮤니케이션을 합니다.

1. 꼬리를 세우기, 코 뽀뽀 인사

집사가 외출에서 돌아오거나 고양이가 산책에서 돌아오면 고양이는 꼬리를 세우고 기쁜 듯이 집사에게 다가갑니다. 이것은 새끼 고양이 때 어미 고양이가 돌아오면 하는 행동의 흔적으로 **친밀감을 나타내는 인사**입니다. 사람은 고양이보다 훨씬 키가 커서 코 뽀뽀는 할 수 없지만, 대신 내민 손이나 손가락에 뽀뽀를 합니다.

그중에서 어떤 고양이는 뒷다리를 세우고 집사의 다리에 오를 것처럼 등을 늘려서 집사와 가까운 높은 곳에 올라가기도 합니다. 집사와 되도록 같은 시선에서 코 뽀뽀 인사를 시도하고자 하는 고양이도 있는 것이지요. 실제로는 뽀뽀가 아닌 냄새를 확인하는 것이지만요.

꼬리를 들고 '엉덩이 냄새 맡아'라고 하는 듯이 엉덩이를 들이대는 고양이도 있습니다. 이것은 절대로 집사에게 짓궂은 짓을 하는 것이 아니고 고양이에게 있어서는 친밀감을 보여주는 인사입니다.

2. 얼굴, 머리, 몸, 꼬리를 비비적거린다

인사가 끝나면 자신의 얼굴, 머리, 몸, 꼬리를 집사의 다리에 비비적거립니다. 이마, 입 주변, 꼬리 뿌리 부분 뒤에 있는 분비선에서 나오는 자신의 냄새를 묻히는 것입니다. 그래서 이런 부분을 문지르려고 꾹꾹 눌러대는 고양이도 있습니다.

제3장 고양이와 사람의 커뮤니케이션

물론 집사 냄새도 자신에게 묻기 때문에 동료 냄새를 만드는 것이지요. 이런 동료 냄새는 안정감을 주는 것이며 집사를 비비적거리면 **동료로서 인정했다는 증거라고 할 수 있습니다.**

또 식사를 주려고 하면 고양이는 꼬리를 세우고 집사의 다리를 비비적거리며 휘감습니다. 이것도 어미 고양이가 먹이(사냥감)를 가져왔을 때의 습성이 남아 있는 것입니다. 발에 걸려 넘어질 뻔 하기도 하지만 되도록 천천히 행동하고 고양이를 실수로 밟지 않도록 신경 쓰는 것이 좋습니다.

① 꼬리를 세우기, 코 뽀뽀 인사.
'꼬리 세우고 다가간다옹'
'코 뽀뽀 인사 하고 싶다옹'

② 냄새가 나는 분비선. 꼬리를 세우고 집사 다리를 비비적거리는 것은 인사, 냄새 묻히기, 밥 때. '비비적거려서 냄새를 묻힌다옹'

3. 꼬리 휘감기

사람과 함께 걸으면 고양이가 다리에 꼬리를 휘감고 나란히 걷는 경우가 있습니다. 친한 고양이에게 꼬리를 휘감으며 걷는 것과 마찬가지로 **친밀감**을 표현하는 것입니다. 사람이 좋아하는 사람과 손을 잡고 걷는 것과 같은 것이지요.

4. 상호 그루밍 + 그르르

고양이가 까칠까칠한 혀로 집사의 손과 얼굴을 핥는 것은 친한 고양이에게 그루밍해 주는 것과 마찬가지로 마음이 통하는 동료에게 **친밀감을 표현**하는 것입니다. 그 중에서도 집사의 팔 등을 가볍게 감거나 손이나 팔에 얼굴이나 머리를 꾹꾹 누르며 쓰다듬어 달라고 독촉하는 고양이도 있습니다.

그런 때에는 고양이 머리나 목을 쓰다듬어 주세요. 그러면 상호 그루밍이 성립됩니다. 고양이는 눈을 감거나 그르르하며 목을 울리면서 집사와의 스킨십을 만끽할 것입니다. 또 새끼 고양이 때부터 브러시질하는 버릇을 들여 놓으면 편안하게 브러시로 그루밍을 즐기는 고양이도 있습니다.

5. 더워도 찰싹 달라붙어서 상대를 베개 삼아서 함께 잔다

고양이가 언제나 집사 가까이에 있으면 고양이로부터 신뢰 받고 있다는 증거입니다. 스스로 집사의 무릎 위에 올라간다면 고양이는 집사를 **100% 신뢰**하고 있다고 생각해도 될 것입니다. 더울 때 무릎에 올라오면 귀찮기도 하지만 최대한 신뢰를 배신하지 않도록 시간과 체력이 허락하는 범위에서 환영해 주세요.

또 실내에서만 기르는 고양이가 늘어남에 따라 고양이를 밤에 침실로 불러들이거나 같은 침대에서 자는 집사도 늘어나고 있습니다. 물론 위생적인 면을 신경쓰긴 해야 하지만 집사에게 몸을 기대고 발 밑이나 머리맡에서 편히 새근새근 자고 있는 고양이의 모습을 보는 것은 집사로서 더없이 행복한 일이지요.

단지 '침실에 들인다'와 '침실에 들이지 않는다' 중 하나로 일관하는 것이 중요합니다. '주말은 안돼'라고 해도 고양이는 이해해주지 않으니까요.

이렇게 보면 고양이는 좋아하는 집사에게도 친한 고양이에게 하듯이 커뮤니케이션을 하고 있다는 것을 알 수 있습니다. 덧붙여서 새끼 고양이 때처럼 우는 소리로 인사를 하거나 요구하는 것이 사람에게 매우 유효한 커뮤니케이션 방법이라는 것도 고양이는 제대로 학습하고 있는 것이지요.

③ 나란히 걸을 때에 사람의 장딴지 부근에 꼬리를 감는다.

④ 집사가 고양이 목이나 머리를 쓰다듬어 주면 상호 그루밍이 성립된다. '그르르~'

⑤ 상대를 베개 삼으며 함께 잔다.
'팔 베개 해주니 행복하다옹'

앞발로 왜 꾹꾹이를 하는 것일까?

고양이가 릴랙스하고 집사의 무릎 위에 앉아 있을 때 앞발을 번갈아 가며 리드미컬하게 꾹꾹 조물조물할 때가 있습니다. 이것은 새끼 고양이 때 어미 고양이의 젖을 빠는 모습의 흔적이라고 합니다.

'꾹꾹이'를 하면 어미 고양이의 젖에 자극을 주어 **모유 분비가 원활**해집니다. 젖병으로 인공 수유를 하여 기른 새끼 고양이도 꾹꾹이를 합니다. 그렇기 때문에 태어나서 젖(젖병)을 빨 때 본능적으로 나오는 행동이라고 할 수 있지요.

성묘가 되어서 꾹꾹이를 할 때 어미 고양이를 생각하며 하는지는 모르지만, 담요나 쿠션, 집사의 무릎에 앉으면 따뜻하면서 부드러운 감촉에서 행복한 기분에 빠져드는 것은 틀림없을 것입니다.

꾹꾹이를 할 때 '그르르' 하고 목을 울리거나(젖을 먹기 시작할 때 어미 고양이와 최초로 커뮤니케이션을 하는 것), 젖을 먹는 것처럼 담요나 스웨터 등에 입을 대고 쪽쪽하고 빠는 경우도 있습니다.

고양이가 실수로 울 제품을 먹지 않도록 주의하자

새끼 고양이도 8주 정도까지는 완전히 젖을 뗍니다. 하지만 너무 이른 때 어미 고양이에게서 분리된 고양이는 충분히 응석 부리지 못했기 때문에 성묘가 되어서도 '아기 때로 돌아가서' 무언가를 쪽쪽 빠는 경우가 있습니다.

이때 쪽쪽 행동이 **울 제품을 먹는 것으로 발전하지 않도록 주의**해야 합니다. 꾹꾹이는 어린 고양이뿐만 아니라 4~5살이 되어서도 갑자기 꾹꾹이를 하거나 평생 동안 계속하는 경우도 있는 등 고양이마다 차이를 보입니다. 그러나 이러한 양상은 어떤 것을 계기로 하는 것인지 밝혀진 사실이 없습니다.

고양이가 무릎 위에 앉아서 기분 좋게 앞발을 번갈아 가면서 쥐었다 폈다 하며 꾹꾹이에 힘을 싣습니다. 고양이의 발톱이 나와 있는 경우에는 무심결에 '아야!' 하고 외치고 싶어지기도 하지요. 그런 때는 얇은 쿠션이나 수건을 살짝 무릎 위에 놓고 어미 고양이가 된 것처럼 마음껏 응석을 받아주세요.

새끼 고양이는 모유 분비를 촉진시키기 위해 어미 고양이의 젖을 꾹꾹 누른다. 성묘가 되어도 꾹꾹이를 하는 것은 고양이가 행복한 기분에 빠져드는 때이다. 발톱 때문에 아플 때는 얇은 쿠션 등을 받쳐주면 좋다.

집사에게 배를 보여주는 이유는 무엇일까?

고양이가 집사 옆에 와서 배를 보여주며 벌러덩 자빠져서 손과 발을 위로 뻗어 집사를 쳐다볼 때가 있습니다. 고양이의 급소라고도 할 수 있는 부드러운 배를 보여주는 것은 집사에게 마음을 죄다 연 채 **마음을 놓고 릴랙스하고 있다는 증거**입니다.

배를 내놓고 기분 좋은 듯이 있어서 쓰다듬어 달라는 건가 하고 손을 뻗으면 냥펀치나 냥킥을 날리는 고양이가 있습니다. 또는 앞발이나 뒷발로 팔을 잡아 물려고 하는 고양이도 적지 않습니다.

고양이에 따라서 개체 차를 보이지만 배는 매우 민감한 부분이어서 아무리 좋아하는 집사라도 만지게 하고 싶지 않다고 생각하는 고양이도 있습니다. 고양이는 제각각 쓰다듬어 주는 방식에도 취향이 있어서 평상시에 어디를 어느 정도로 얼마나 빨리 쓰다듬어 주는 것을 좋아하는지 파악해 두는 것도 좋겠지요.

이렇게 벌러덩 하고 자빠진 자세는 새끼 고양이가 형제 고양이와 까불며 장난칠 때 자주 볼 수 있는 포즈입니다. 하지만 고양이의 방어 자세이기도 하기 때문에 무의식중에 **반사적으로 집사의 손을 향해서 냥펀치나 냥킥을 날리는 것**입니다. 손의 움직임이 빨라지면 더욱 수렵본능이 깨어나고 반사적으로 손을 잡으려고 할 것입니다. 그 다음 '좀 심했나' 하고 미안한 듯한 표정을 짓는 고양이도 있습니다.

또 배를 쓰다듬어 주어서 기분이 좋은 듯 보여도 너무 귀찮아질 정도로 쓰다듬으면 고양이는 점점 초조해져서 냥펀치나 냥킥을 날리거나 물어버리는 경우도 있습니다. 평상시에 고양이의 모습을 주의 깊게 관찰하여 손을 가만히 보거나 몸을 옆으로 비틀거나 꼬리를 흔들기 시작하면 쓰다듬는 것을 멈춰야 합니다.

단 중성화하지 않은 암고양이가 히스테릭하게 울고 그르르하며 몸을 비비 꼬며 바닥을 구르며 집사에게 집요하게 달라붙을 때는 발정기일 가능성이 높습니다.

집사 앞에서 벌러덩 하고 배를 보여주며 구르는 것은 안심하고 있다는 증거이다. 그렇지만 꼭 배를 쓰다듬어 달라는 것은 아니다.

새끼 고양이 때 형제 고양이와 까불며 놀던 것과 동시에 고양이의 방어 자세이기도 해서 무의식중에 낭펀치가 날아오는 경우도 있다.

왜 컴퓨터 키보드나 신문 위에 올라가는 걸까?

고양이가 컴퓨터 키보드 위나 그 주변에 머무는 이유는 그곳에 집사가 있거나 키보드에 **집사의 낯익은 냄새가 스며있기 때문**입니다. 두 번째 이유는 그곳이 **따뜻하고 편안하기 때문**입니다. 또 컴퓨터 화면이 흥미진진하기 때문인 경우도 있습니다. 움직임이 있는 동영상 등이 나오면 집사의 무릎 위에 다소곳이 앉아서 함께 화면을 보는 고양이도 있습니다.

키보드 외에도 프린터기나 복사기, 밥솥 등에 올라가 능숙하게 고양이 잠을 자는 고양이도 있습니다. 그러나 컴퓨터를 시작으로 이런 전자제품은 경우에 따라서 온도가 너무 높이 올라가기도 하지요. 콘센트를 만지면 감전 사고의 우려도 있기 때문에 주의가 필요합니다. 또 고양이에게서 **빠진 털이 기기 내부로 들어가면 전자제품의 수명이 줄어드는 경우도 있기 때문에 되도록 무릎 위에 올려두어 함께 컴퓨터 화면을 보는 편이 무난합니다.

집사를 방해하고 싶은 걸까?

집사가 신문을 읽으면 고양이가 어디에선가 느닷없이 다가와 신문 위에 벌러덩 자빠지는 경우가 있습니다. 일부러 방해하러 온 것이라고 밖에는 생각할 수 없지만 고양이는 원래 **나무를 연상케 하는 신문의 감촉을 매우 좋아하는 것**뿐입니다. 애써서 사 준 고양이 용 방석보다 다 읽은 신문 위에서 자는 것을 좋아하는 고양이도 있을 정도입니다.

집사가 부스럭부스럭하는 소리를 내며 신문을 넘기면 신문을 좋아하는 고양이는 그 소리에 자극 받아 자신도 모르게 참지 못하고 다가옵니다. 고양이도 때마침 지루하던 차였고 마찬가지로(움직이지 않고) '지루해 보이는 집사를 상대해주자' 하고 생각하고 있는지도 모르지요.

그런 때 고양이를 무리하게 치우려고 하면 고양이는 '역시 집사는 심심하니까 손을 내미는 거다'라고 생각하여 점점 우쭐해집니다. 고양이는 '신문에 올라가기'가 집사의 주의를 끄는 행동이라는 것을 확실히 학습하고 있는 것이지요.

노트북 위에 올라가는 고양이

복합기 위에 올라가는 고양이

신문지 위에 올라가는 고양이

고양이는 따뜻한 컴퓨터 키보드나 부스럭부스럭거리는 신문 위에 올라가는 것을 좋아한다. 좋아하는 집사의 주의를 끌기 위해 올라가는 경우도 있다.

34

사람과의 사회적인 거리는 어느 정도일까?

고양이가 다른 고양이와 사회적 거리를 유지하는 것은 54쪽에서 설명했습니다. 하지만 마찬가지로 **집사와의 사회적 거리**도 존재합니다. 집사를 따르는 고양이라면, 신변의 위협을 느껴 도망치려고 하는 **도망 거리**나 스스로를 지키려고 위협이나 공격적이 되는 **위험 거리**는 없다고 할 수 있습니다. 단 집사가 만지는 것을 싫어하고 집사와 일정 거리를 두면서 함께 지내는 고양이도 있겠지요.

그러나 집사를 따르는 고양이라도 경우에 따라서는 사회적 거리가 생기기도 합니다. 예를 들면 몸의 어딘가에 통증이 있거나 컨디션이 좋지 않으면 **도망 거리**가 생기고, 집사가 다가오면 도망가는 일도 있습니다. 그리고 집사가 다가와서 도망갈 곳이 없어지면 위협이나 공격을 할지도 모릅니다.

또한 평상시와 다른 냄새(집사가 밖에서 묻혀 온 다른 고양이의 냄새, 향수 냄새 등)가 나거나, 생활을 하는 집 안에서는 도망 거리가 없어도 낯선 장소, 예를 들면 가출을 해서 집 밖에서 만나면 도망 거리가 생겨 집사를 봐도 도망갑니다.

집사를 잘 따르고 무릎 위에서 편안하게 몸을 맡기고 브러시질을 받는 고양이는 집사에 대해서 **개체 거리**도 밀접한 거리-즉 0㎝라고 할 수 있습니다.

하지만 한번 나쁜 경험(아픈 기억)을 하면 두려움이나 불안한 감정이 예상 외로 빨리 조건 부여가 됩니다. 이렇게 되면 다시 같은 상황에 놓여져도 계속 싫어하게 되기 때문에 주의할 필요가 있습니다.

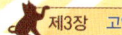 제3장 고양이와 사람의 커뮤니케이션

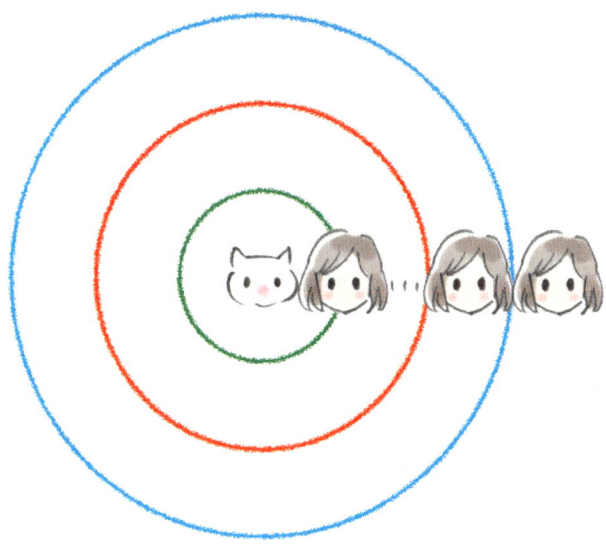

개체 거리 … 집사나 동료 고양이가 접할 수 있는 거리
위험 거리 … 사람이 그 이상 다가오면 공격하는 거리
도망 거리 … 사람이 그 이상 다가오면 도망치는 거리

집사를 따르는 고양이라도 상황에 따라서는 집사에 대해서 사회적 거리가 발생하기도 한다.

왜 사람을 따르지 않는 고양이가 있는 걸까?

집사 옆에 딱 달라붙어 마음을 모두 허락한 고양이가 있는 반면, 집사와도 일정 거리를 두고 경계심을 좀처럼 거두지 않는 고양이도 있는 것은 어째서일까요?

고양이는 같은 환경에서 자라도 겁이 많은 고양이, 호기심이 왕성한 고양이, 얌전한 고양이, 활발한 고양이 등 제각각 캐릭터가 다릅니다. 고양이 캐릭터에는 (새끼 고양이 옆에는 없는) 아빠 고양이의 유전자도 영향을 줍니다.

그러나 고양이가 사람을 따를지 어떨지는 새끼 고양이가 **사회화기**라고 불리는 생후 2~8주 정도까지 기간에 어떻게 지내는지가 중요한 열쇠가 됩니다.

태어나자마자 어미 고양이 밑에서 그저 모유를 먹고 자는 것뿐인 새끼 고양이도 생후 2주를 넘기면 주위에 조금씩 흥미를 보이기 시작하여 오감을 모두 활용해 다양한 자극(소리, 냄새, 감촉, 맛)을 흡수합니다. 그리고 생후 8주쯤까지는 어미 고양이나 형제 고양이와의 접촉을 통하여 고양이 사이의 커뮤니케이션 방법 등 많은 것을 배웁니다.

이 시기(이상적으로는 생후 12주쯤까지)에 충분히 어미 고양이나 형제 고양이와 보내면 정신적으로 안정되고 사회 환경에 잘 적응하여 다른 고양이나 사람과도 수월하게 관계를 맺을 수 있는 기반이 됩니다. 무엇보다 **이 시기에 어미 고양이가 가까이 있는 것이 가장 중요한 것**이지요.

새끼 고양이는 어미 고양이가 사람에 대해서 취하는 태도를 잘 관찰해 둡니다. 사람을 향해 마음을 허락하고 따르는 어미 고양이의 태도로부터 자연스럽게 사람을 좋아하는 동료라고 학습하게 됩니다. 어미 고양이의 존재가 새끼 고양이에게 안정감을 주고 새끼 고양이는 어떤 것에도 편안한 상태를 유지하며 호기심을 보여 **학습 능력을 100% 활용 할 수 있게 됩니다.**

같은 시기에 다양한 타입의 사람이나 다른 동물을 보고 접촉할 기회를 가지며 긍정적인 경험을 하게 되면, 그들을 두려워할 필요가 없다는 것을 학습하게 됩니다. 사람과 접촉(무릎 위에 올라가거나 쓰다듬거나 등)을 하는 시간을 하루에 30~40분 가지는 것이 이상적입니다. 하지만 하루에 10~15분이라도 사람과 우호적인 접촉이 있다면 사람을 무서워하는 일은 없어집니다.

물론 사회화기를 지낸 후에도 사람과의 경험(우호적인 접촉)은 중요합니다. 하지만 사회화기에 사람과 신뢰관계를 한번 쌓은 고양이는 그 다음에 집사에게 버려지거나 괴롭힘을 당하는 나쁜 경험을 해도 관용을 베풀어 사람의 노력에 따라 신뢰 관계를 회복하는 것은 그리 어렵지 않습니다. 그렇다고는 하더라도 나쁜 경험이 늘어나면 늘어날수록, 시간이 흐르면 흐를수록 사람과의 신뢰 관계를 회복하기란 쉽지 않아지지요.

새끼 고양이는 생후 2~8주(이상적으로는 생후 12주까지) 정도까지 어미 고양이나 형제 고양이와 보내는 것으로 고양이 사이의 커뮤니케이션을 배운다. 이 시기에 사람과도 우호적인 접촉이 있다면 사람을 따르는 고양이가 된다

손님이 오면 살금살금 숨는 이유는 무엇일까?

집사를 따르는 고양이도 모르는 손님이 방문하면 어딘가(자신의 모습이 보이지 않지만 주위를 관찰할 수 있는 장소)에 숨어 버립니다. 보통은 넉살 좋은 얼굴을 하고서 가장 좋은 자리를 차지하고 있는 고양이가 허둥지둥 서두르며 제일 먼저 도망가는 경우도 있습니다.

고양이는 경계심 강한 동물이기 때문에 이런 행동은 **위험을 피하고자 하는 고양이의 야생 본능**이라고 할 수 있습니다. 그 중에서는 누가 오든지 신경 쓰지 않고 모두에게 잘 다가가는 매우 사교적인 고양이도 있습니다. 하지만 그런 고양이는 매우 드물죠.

그러나 사람을 따르는 고양이라면 대부분, 시간이 조금 흐른 뒤 손님이 아무것도 안한다는 것을 깨달게 되고 거리를 두면서도 모습을 드러냅니다. 특정 사람(손님)만을 무서워하는 경우는 이전에 닮은 사람이 괴롭히거나 나쁜 기억이 있거나 어떤 냄새(다른 고양이나 개 등)가 원인일 경우도 있습니다.

고양이에게는 신중하게 접근할 것

고양이가 모습을 드러내도 손님이 고양이를 아주 좋아하여 고양이를 빤히 쳐다보거나 무리하게 만지려고 하면 고양이는 위협당하고 있다고 생각하여 그 장소로부터 도망치려 합니다.

손님이 고양이와 친해지고 싶을 때는 되도록 고양이에게 주목하지 않고 고양이가 가까이 다가오면 위압감을 주지 않도록 몸을 굽힙니다. 그리고 가능한 한 작은 자세로 살짝 손등을 내밀고 고양이가 냄새를 맡을 수 있도록 합니다. 냄새를 확인한 고양이가 OK하면, 그대로 이마나 목 부근을 살살 가볍게 쓰다듬어 주면 됩니다.

제3장 고양이와 사람의 커뮤니케이션

　노는 것을 좋아하는 고양이에게는 고양이 장난감으로 놀아주거나 간식을 주면 고양이와의 거리가 좁아질 것입니다. 고양이는 자신이 좋을 때만 쓰다듬거나 놀아주는 사람을 좋아하기 때문에 절대 무리하지 말고 **고양이의 기분을 존중**해 주는 것이 중요합니다.

　단 손님을 너무 무서워하고 전혀 손이 닿지 않는 곳에 숨어버리거나 '자신의 영역에 들어온 침입자'로 보아 위협하는 경우도 있습니다. 그럴 때에는 고양이를 그 이상으로 무섭게 만들거나 흥분시키지 않도록 고양이와 거리를 유지하는 편이 좋습니다.

손님이 오면 숨어버리는 것은 위험을 피하고자 하는 고양이의 본능이다. 손님이 고양이와 친해지고 싶다면 고양이에게 전혀 관심을 주지 않고 고양이가 다가올 때까지 기다려 준다. 장난감이나 간식을 사용하는 것도 좋다. 어디까지나 고양이의 기분을 존중할 것.

사람이 쓰다듬으면 그루밍을 하는 이유는 무엇일까?

집에 방문한 손님처럼 잘 모르는 사람이 쓰다듬은 직후 고양이가 기를 쓰고 그루밍을 시작하는 경우가 있습니다. 사람으로 비유하자면 누군가와 악수를 한 뒤 '더러워'라고 말하며 바로 손을 씻는 행위로 실례라고 느껴질 수 있을 것입니다.

그러나 고양이에게 있어서 자신의 냄새는 아이덴티티라고도 할 수 있어서 자기 자신으로서 있다는 증거와 같은 것입니다. 사교성이 좋은 고양이는 사교적인 겉치레로 일단 손님이 쓰다듬어 주게는 하지만 모르는 냄새를 지우려고 자신과 친숙한 냄새를 묻히지 않으면 진정할 수 없습니다. 고양이에게 있어서는 자신의 냄새나 동료(집사도 포함)의 냄새가 나는 곳이 제일 안심할 수 있기 때문입니다.

집사가 쓰다듬어준 뒤 그루밍을 할 때도 있으나 그것은 집사의 냄새가 싫어서가 아니라 집사의 냄새가 조금 강하기 때문에 자신의 냄새를 추가하여 **냄새가 섞인 정도를 딱 좋게 조정**하는 것이 아닐까 추측됩니다. 털에 묻은 좋아하는 집사의 땀 냄새를 '맛보고 있다'고 하는 설도 있습니다만 진위 여부는 확인할 수 없습니다.

또 집사의 냄새가 평상시와 다른 경우에도(밖에서 다른 고양이나 동물을 만지거나 다른 화장품을 발랐을 때 등) 모르는 손님이 쓰다듬었을 때와 마찬가지로 기를 쓰며 냄새를 없애려고 그루밍을 하기도 합니다.

머리를 흔드는 것은 어째서일까?

사람이 쓰다듬어 준 뒤에 고양이가 머리를 흔드는 경우가 있습니다. 특히 걷고 있거나 활동 중인 고양이의 얼굴 혹은 머리를 만질 때 자주 볼 수 있습니다. 이것은 건드려진 수염이나 눈 위, 이마, 턱에 나있는 촉모(16쪽 참조)의 흐트러짐을 정리하고 원래 포지션으로 고치는 것입니다. 접힌 귀의 포지션을 고치는 경우도 있습니다. '활동 모드'에 접어들면 언제나 **만전을 기하는 상태**를 유지하려는 것입니다.

단, 고양이가 반복적으로 머리를 흔들고 있다면 귀와 관련한 병(귀 진드기가 원인인 귀옴, 외이염, 중이염 등)이나 귀에 이물질이 들어갔거나 뇌, 신경과 관련한 병일 가능성도 있기 때문에 상태를 잘 관찰하여 수의사와 상담하는 것이 좋습니다.

고양이는 모르는 사람이 만지면 그 냄새를 지우기 위해 그루밍하거나 수염 등 촉모의 위치를 고치기 위해 머리를 흔들기도 한다.

38

고양이는 남성보다 여성을 더 좋아할까?

본래 고양이는 괴롭힘을 당하는 등의 나쁜 경험이 없다면 특정 타입의 사람(성별, 연령, 피부색, 크기)에 대해서 선입견이나 편견을 가지지 않습니다. 그러면 어째서 '고양이는 남성보다 여성을 선호한다'는 말이 있는 것일까요?

통계에 따르면 평균적으로 여성인 집사가 낮은 자세로 고양이와 접하고 무릎 위에 올려주거나 쓰다듬는 시간이 길다고 합니다. 무엇보다도 남성인 집사와 비교해서 고양이에게 말을 걸어 주는 시간이 많아서 여성을 잘 따른다는 이야기가 있는지도 모릅니다.

또 일반적으로 여성이 남성에 비해서 몸이 부드럽고, 톤이 높고 차분한 목소리로 이야기하는 것도 고양이가 선호하는 요인일 것입니다. 고양이를 좋아하는 많은 여성에게 있어서 고양이가 모성본능을 자극하는 존재이며 좀 더 능숙하게 안아줄 수 있다는 점도 부정할 수 없습니다. 결코 고양이가 남자를 싫어하는 것은 아닙니다. 평균적으로 **고양이를 다루는 것이 여성보다 미묘하게 거칠 수 있기 때문**에 고양이가 멀리하는 경우도 있다는 것입니다.

고양이에게 사랑받고 싶다면 차분해져라

'수고양이는 여성을, 암고양이는 남성을 선호한다'라는 설이 있으나 진짜인지는 모릅니다. 긴 시간 여성에게만 키워진 고양이는 여성을, 반대로 남성에게만 키워진 고양이는 역시 남성을 선호하는 경향이 있다고 합니다.

아이들은 고양이를 난폭하게 다루거나 고양이가 예상할 수 없는 돌발적인 행동을 하는 경우가 있기 때문에 아이들을 어려워하는 고양이도 많습니다. 그리고 역시 여자아이가 남자아이보다 고양이를 쓰다듬는 시간이나 말을 거는 시간이 길고 잘 다룬다고 하는군요.

고양이는 성별이나 연령에 상관없이 차분한 사람(움직임이나 말투도)을 선호하고 기본적으로 마음을 써주었으면 할 때만 마음을 써주는 사람을 좋아합니다. 평상시에 **느긋한 동작을 하도록 하고 고양이의 기분을 존중**해준다면 고양이가 잘 따르게 될 것입니다.

남성에 비해서 여성(여자 아이)이 고양이를 쓰다듬거나 말을 거는 시간이 길다

고양이는 사람이나 다른 고양이에게 질투를 느낄까?

'연인이 집에 놀러 오면 평상시에 귀여워해주던 고양이가 그 모습을 **질투**하는 듯한 눈으로 빤히 바라보거나 마치 방해하듯이 두 사람 사이에 들어가거나 하다가 결국에는 일부러 짓궂게 연인의 소지품에 쉬야를 해버렸다', '집사에게 아이가 생기면 고양이가 아기를 질투해서 못된 장난을 하지 않을까 걱정이다' 등의 상담을 해오는 경우가 있습니다.

고양이를 키우는 많은 사람들이 '우리 고양이가 질투해서……'라고 표현합니다. 이것은 진짜 질투일까요?

고양이는 지금까지와 다른 냄새를 가지거나 집사가 자신에 대해서 평상시와 다른 태도를 보이면 재빠르게 알아챕니다. 항상 규칙적이던 생활이 무너지고 식사 시간이나 자는 시간이 바뀌고 놀아주는 시간이나 쓰다듬어 주던 시간이 줄어들고 자신이 있을 곳이 제한(침실에 들어가지 못하게 되는 등)되기 때문입니다.

그것을 고양이는 질투 같은 행동으로 집사에게 어필하고 있다고 할 수 있습니다. 그러나 사람의 질투처럼 복잡하고 뿌리깊은 것이 아니고 **그 순간의 감정과 관련된 행동**이라고 할 수 있는 것이죠.

자의식을 가지지 않은 고양이라도 질투하는 걸까?

이제까지 사람이나 침팬지 이외의 동물에게 기본 감정이라고 할 수 있는 분노, 불안, 기쁨, 슬픔, 애착, 호기심, 놀람 등은 있어도 **제2의 감정**이라고 불리우는 질투, 자존심, 공감, 죄의식, 수치심, 곤혹감 등은 없다고 알려져 있습니다. 왜냐하면 제2의 감정은 자기의식으로부터 발달하는 감정으로 (거울에 비치는) 자신의 모습을 인식하지 못하는 동물에게는 자기의식도 없다고 하는 설이 있기 때문입니다.

그러나 동물의 감정을 연구하는 영국의 포츠머스 대학교 심리학자인 폴 모리스가 2년 이상 반려동물과 지내고 반려동물과 강한 유대를 가진 약 900 여명의 사람들과 협력한 최근 조사에서는, 반려동물(강아지, 고양이, 말)이 제2의 감정 중에서 **질투 감정을 기본 감정과 마찬가지로 강하게 표현**한다는 결과가 나왔습니다.

고양이가 정말로 질투하고 있는지는 고양이의 평상시 모습을 잘 알고 있는 집사가 고양이의 상태나 행동을 보고 판단, 해석할 수밖에 없습니다. 어쨌든 고양이가 질투하고 있다고 느낀다면 되도록 빨리 지금까지처럼 고양이와 함께 할 수 있도록 마음을 써 주세요.

같이 사는 새끼 고양이

신경 써 주지 않으면 고양이도 질투하는 것일까?

고양이는 사람을 따르는 것이 아니라 집을 따른다는 것이 사실일까?

'강아지는 사람을 따르고 고양이는 집을 따른다'는 말이 있습니다. 정말로 그런 것일까요? 이사한 뒤에 고양이가 전에 살던 집으로 돌아가는 케이스가 많아서 이런 말이 생겼을 것입니다.

그러나 이것은 집사에게 충분히 먹이를 얻지 못하고 쥐 등의 사냥감을 잡으며 살았던, 지금처럼 고양이가 사람의 생활에 밀착하지 않았던 먼 옛날의 이야기입니다.

사실 이사한 곳에서 고양이를 바로 밖에 내놓으면 **고양이가 길을 잃어버려 집에 돌아가지 못하게 되는 경우도 많습니다.** 집사가 '전에 살던 집으로 돌아갔다'고 생각하거나 전에 살던 집 근처의 사람이 닮은 고양이가 방황하는 것을 보고는 '~씨의 집 고양이가 돌아 왔나 보네' 하고 착각하는 일도 있습니다.

동료도 영역의 일부

고양이가 자신의 영역 즉 먹이가 있고 안심할 수 있는 장소에 집착하는 것은 이미 알고 있는 사실입니다. 하지만 동료와 함께 생활하는 고양이에게 있어서 **동료 또한 중요한 영역의 일부**입니다. 얼굴이나 머리를 비비적거리며 문질러 공통 냄새를 공유하는 친한 고양이나 집사와 강한 유대로 묶여져 있는 고양이는 신뢰할 수 있는 동료(집사)가 있으므로 안심할 수 있는 것입니다.

집사는 먹이를 주는 중요한 역할을 가지고 있습니다. 그러나 고양이에게는 그 이상으로 강한 유대로 묶여있는 동료의 일원입니다.

물론 이사는 고양이에게도 사람에게도 큰 스트레스입니다. 고양이가 당황하여 숨어버리면 집사는 '집이 바뀌어서 힘든 걸까' 하고 걱정할지도 모릅니다. 그러나 고양이는 매우 적응력이 뛰어난 동물입니다. 집사와 고양이 사이에 강한 신뢰 관계가 생기면 집사의 노력 여하에 따라 새로운 환경(영역)에도 잘 적응할 수 있습니다.

제일 처음에는 방 하나부터 적응시키기 시작하여 점점 안정되고 쾌적한 환경을 준비해주고, 집사가 언제나처럼 고양이와 스킨십을 하는 것(매일 쓰다듬어 주거나 말을 걸어 주거나 놀아주거나)이 고양이에게는 가장 중요합니다.

고양이에게 있어서 신뢰 관계를 가진 동료도 영역의 일부이다. 동료와 함께 이사하고 동료의 냄새가 난다면 조금 안심하여 새로운 영역을 만들기 시작한다.

고양이를 키워서 얻는 장점은 무엇일까?

고양이를 좋아하는 사람에게 있어서 고양이란 바로 옆에 있는 것만으로, 보고 있는 것 만으로 마음이 편안해지는 존재입니다. 특히 우울할 때나 불안할 때에는 가족이나 친구와는 다른 의미로 그저 작은 생물이 아무 말도 안하고 옆에서 이야기를 들어주는 것만으로도 혹은 천진난만하게 놀고 있는 모습을 보는 것만으로도 힘이 나기도 합니다.

이같은 **치유 효과**만으로도 충분하지만 실제로 고양이와 함께 생활하면 혈압이 낮아지거나 스트레스를 느꼈을 때 분비되는 호르몬인 코르티솔(cortisol)이 감소하여 스트레스가 완화된다고 과학적으로 증명되었습니다.

또 아이들에게 고양이는 함께 있거나 놀면서 즐거운 시간을 보낼 수 있는 친구일 뿐만 아니라 타인에 대한 애정이나 배려심을 기를 수 있는 존재입니다. 고양이를 돌보면서 책임감도 배우게 되지요.

실제로 고양이(혹은 강아지)와 함께 큰 아이는 고양이를 관찰하는 것으로 사람의 표정을 읽어내는 능력을 배우고, 후에 단체 생활을 수월하게 할 수 있게 된다는 보고도 있습니다.

어린아이 시절에 고양이를 기르면 성인이 되어서도 고양이를 기르게 되는 경향이 있습니다. 이것은 아이 때 고양이와 커뮤니케이션 하는 방법을 배우고 고양이에 대해서 어떤 유대가 생겼기 때문이라고 추측됩니다.

또한 유아기에 강아지나 고양이가 있는 환경에서 자라면 알러지 반응이 잘 생기지 않도록 면역 균형을 만드는 메커니즘이 강화됩니다. **알러지 질환이 생길 위험이 저하된다는 것을 뒷받침하는 논문**도 많이 발표되었습니다.

물론 고양이는 생명을 가진 생물입니다. 고양이와 살아가는 데 있어서 알러지의 유무, 적절한 주거 환경, 위생 관리, 건강관리, 그것에 드는 시간이나 비용도 충분히 고려하지 않으면 안됩니다.

더불어 고양이가 안심할 수 있는 환경을 만들고 끝까지 책임지고 충분히 애정을 쏟으며 고양이와 함께 할 수 있다면 사람은 고양이로부터 헤아릴 수 없을 만큼 많은 은혜를 입을 것입니다.

고양이에게는 신비한 치유 능력이 있다

고양이의 나이를 사람 나이로 계산하는 방법은?

식생활의 향상과 수의학의 발전에 따라 최근 20살 이상인 고양이를 보는 것도 드물지 않습니다. 강아지에 비하면 고양이는 고령이 되어도 행동 패턴이 비교적 바뀌지 않고 노화의 징후도 두드러지지 않는 경우가 많습니다. 게다가 10살이 넘어도 새끼 고양이 때 같이 장난감을 쫓아 다니고 높은 곳으로 아무렇지도 않게 올라갈 수 있는 고양이가 많습니다. 물론 고양이 종류나 생활 환경, 식생활 등에 따라 큰 차이가 있습니다. 그렇다면 고양이는 몇 살부터 고령이라고 하는 걸까요?

고양이의 연령은 사람을 기준으로 나이를 바꿔보면 짐작할 수 있습니다. 그리고 자신의 나이와 비교해 보면 '사실은 나보다도 나이가 더 많구나' 하고 친근감도 샘솟습니다. 문헌이나 자료 등에 따라 다소 차이가 있지만 1살부터 1살반까지 성장기가 끝나고 2살은 사람의 24살, 2살 이후[*]는 1년에 4살씩 나이를 먹는다고 생각하면 됩니다.

중성화 수술을 한 고양이는 그렇지 않은 고양이와 비교하여 평균수명이 더 늘어난다는 보고도 있습니다. 고양이가 행복하게 장수할 수 있는 비결은 고양이에게 적합한 생활환경을 만들어 주는 것, 건강관리나 식사관리에 신경 쓰는 것, 집사가 충분히 애정을 쏟아주는 것입니다.

덧붙여서 혹독한 환경에서 생활하는 길고양이의 연령은 2살 이후는 1년에 사람의 8살씩으로 즉 집고양이의 2배 정도 빠르게 나이를 먹는다고 합니다. 8살짜리 집 고양이가 사람으로 치면 중년에 접어든 48살(24+24)인 것에 반해 8살까지 살아있는 길고양이가 있다면 72살(24+48)일 것입니다.

[*] 2살 이후 집고양이의 연령 계산법은 24+(고양이 나이-2)x4

제 4 장
고양이 행동의 비밀을 파헤쳐보자

 고양이는 하루 종일 뭘 하고 지낼까?

일단 고양이가 하루 종일 무엇을 하고 있는지 대략적으로 파악해 봅시다. 고양이의 연령이나 환경, 개체 차에 따라서 다르지만, 고양이는 **하루 중 약 3분의 2** 즉 13~16시간 정도를 몇 번으로 나눠서 **쉬거나 잠을 자며** 보냅니다

그리고 사냥감을 찾아 사냥하고 먹는 시간은 약 3시간 반 정도, 그루밍 등 몸을 손질 하는 것은 1~3시간 정도, 나머지 시간은 순찰 등을 하며 활동적으로 시간을 보냅니다.

사람과 함께 사는 고양이는 집사가 식사를 제공하기 때문에 사냥감을 잡아 먹는 시간 대신 집사나 다른 고양이와 놀거나 스킨십을 하면서 보낼 것입니다. 집사가 고양이와 함께 하는 시간이 충분하지 않으면 고양이가 자는 시간이 그에 따라 늘어나겠지요.

고양이는 야행성 동물이기 때문에 원래 이른 아침이나 저녁에 더욱 활동적이 됩니다. 그러나 바깥으로 놀러 가서 쥐 등을 사냥하는 집고양이는 실제로(한여름을 제외하고) 사냥의 50%는 낮 동안에 이루어진다는 보고도 있습니다. 집고양이의 대부분은 하루 생활을 사람의 생활 리듬에 잘 맞추고 있습니다.

고양이는 시계가 없어도 시간을 알 수 있다

실내에서만 생활하는 고양이도 집사가 집에서 요리하는 것을 관찰하고 컴퓨터나 TV를 함께 보는 등 집사가 하는 일에 참가합니다. 또 집사와 놀거나 스킨십 하는 시간을 즐깁니다. 집사가 외출하면 **휴식 모드**, 집사가 돌아오면 **활동 모드**가 되며 집사의 취침시간에 맞춰 함께 침대로 가는 고양이도 있습니다.

집사는 자신도 모르는 사이에 고양이의 생활 리듬에 맞춰서 식사를 독촉당하며 일어나거나 고양이가 자는 모습을 보다가 깜빡 잠이 들거나 한답니다.

고양이는 시계가 없어도 시간 감각이 갖추어져 있습니다. 자연계에서 살아가는 고양이는 사냥을 하는데 최적인 시간을 알고 라이벌 고양이와 마주치지 않기 위해 순찰 시간을 늦춥니다. 즉 시간을 파악하는 것이 살아남기 위한 중요한 의미를 가지고 있는 것이지요.

반려묘도 알람이 울리기 조금 전에 일어나거나 식사 시간이 되면 다가오거나 집사가 밖에서 돌아오기 직전에 현관 주위를 서성이는 등 **체내 시계를 갖추고 있다고 밖에 생각할 수 없는 행동**을 하고는 합니다. 사람과 살아가면서 요일 감각을 가지게 되는 고양이도 있다고 합니다. 규칙적인 생활 리듬은 고양이에게 안정감을 줍니다.

실내에서 사는 고양이의 대략적인 하루이다. 고양이는 고양이 나름대로 집사의 생활에 맞춰서 야무지게 하루 스케줄을 짠다. 반려묘의 경우 원래 사냥감을 찾아 사냥하는 시간을 집사와 놀거나 스킨십 하는 시간으로 쓴다

고양이는 어째서 항상 자고 있는 걸까?

고양이의 하루 중 3분의 2를 차지하는 **수면**에 대해서 알아봅시다. 왜 고양이는 그렇게 자주 자는 걸까요? 포유동물에서는 털보아르마딜로(hairy armadillo)처럼 하루에 20시간 가까이 자는 동물도 있는 반면 말이나 당나귀처럼 수면 시간이 2.5~3시간 정도인 동물도 있습니다. 수면 시간의 길이에는 먹이의 종류(육식, 초식, 잡식)나 환경이 크게 영향을 준다고 합니다.

고양이를 포함한 육식동물은 동물을 잡아서 먹을 때 이외에는 되도록 에너지를 함부로 소비하지 않도록 수면 시간을 길게 가집니다. 반대로 초식동물은 저칼로리 식사를 섭취할 필요가 있어서 그것에 쓰는 시간이 길어지고 또 수면 중에 육식동물에게 잡힐 위험이 있기 때문에 수면 시간은 적습니다.

육식성, 초식성, 잡식성, 각각의 포유동물 중에서는 **몸 크기가 커질수록 수면 시간이 짧아지는 경향**이 있습니다. 이것은 몸 크기(체중)가 큰 동물이 기초대사량이 적기 때문입니다. 즉 체중에 비례해서 에너지 소비가 적어지고 그에 따라 몸이나 뇌를 쉬게 하기 위한 수면 시간도 짧아진다고 추측됩니다.

그렇다고는 하지만 비슷한 종류에 속하고 크기도 비슷한 동물 종류 사이에서도 수면 시간이 크게 다른 경우도 있습니다. '(우리 인간을 포함하여) 왜 긴 시간 잘 필요가 있을까?'하는 수면의 수수께끼는 지금도 완전히 풀지 못했습니다.

고양이는 평균적으로 하루에 13~16시간을 몇 번에 나눠 잠을 잡니다. 수면 시간은 연령에도 좌우되어 새끼 고양이나 고령의 고양이는 수면 시간이 18~20시간에 이릅니다. 수면시간은 계절(기온)에 의해서도 바뀌며 추울 때가 조금 더 길어집니다. 또 안전한 수면 장소가 확보되어 있는 반려묘가 밖에서 사는 고양이보다 긴 시간을 잡니다.

수면 시간은 동물 종류에 따라 달라진다. 체중이 고양이와 비슷한 털보아르마딜로는 하루에 20시간 가까이 잔다.

집고양이의 평균 수면 시간은 13.5시간, 제넷고양이(사향고양이과)의 평균 수면 시간은 6.1시간이다. 비슷한 동물이라도 수면 시간이 달라지기도 한다

 고양이의 수면 주기는 어떻게 될까?

수면 시간뿐만 아니라 수면 주기도 동물의 종류에 따라 매우 달라집니다. 수면 연구의 선구자인 생리학자 미셸 주베Michel Jouvet는 1959년에 고양이를 이용한 연구에서 고양이에게도 사람과 마찬가지로 **렘수면**이 일어난다는 것을 발견했습니다. 렘수면이란 뇌파 패턴은 깨어 있을 때와 차이가 없는데 몸이 수면 상태에 있는 상태로 역설 수면이라고도 불립니다.

렘REM의 유래는 급속안구운동이라는 의미의 Rapid Eye Movement입니다. 수면 중에 안구가 감긴 눈꺼풀 밑으로 재빠르게 움직이는 상태를 말하는 것입니다. 렘수면 중에는 깨어있을 때와 비슷한 뇌파 패턴을 보여 일반 수면 상태인 **논렘수면**과는 구별됩니다.

뇌는 논렘수면으로 활동을 저하시켜 휴식을 취하지만 렘수면에서는 활발하게 활동합니다. 대뇌 발달이 두드러지는 동물은 이 두 종류의 수면 상태가 번갈아 나타남으로써 대뇌를 위해 효율적인 수면을 구성하고 있다고 합니다.

사람을 포함한 포유동물의 수면에서는 논렘수면과 그 뒤에 오는 렘수면을 하나의 단위로 하여 **수면 주기**라고 부릅니다. 일반적으로 그 주기가 몇 번씩 반복됩니다. 사람의 수면 주기는 약 90분으로, 일반적으로는 이것이 하룻밤에 4~6번 연속해서 반복됩니다. 고양이의 한 수면 주기는 얕은 수면(약 15분)과 깊은 수면(5~10분)의 단계로 이루어지는 논렘수면과 그 후에 계속되는 짧은 렘수면(5~10분)을 합해서 약 30분입니다.

고양이의 렘수면은 사람과 마찬가지로 전체 수면 시간의 약 20~25%를 차지합니다. 고양이는 사람처럼 이 주기가 몇 번 반복되는 수면을 하루에 한 번이 아닌 몇 번씩이나 취합니다. 그러나 스트레스 상태가 계속되면 수면 시간이 평상시에 비해 짧아지거나 혹은 길어지는 경우도 있습니다. 평상시 고양이의 대략적인 수면 주기를 파악하여 안심하고 잘 수 있는 환경을 만들어 주는 것이 중요합니다.

또한 고양이도 고령(11살 이상)이 되면 인지기능장애로 수면 주기가 어긋나서 밤중에도 계속 울어대는 등의 증상을 보이기도 합니다.

고양이도 아마 꿈을 꿀 것이다

얕은 수면상태에서는 근육이 완전히 이완되지 않으며 머리를 들고 밖으로부터의 자극-작은 소리 등에도 바로 반응하여 귀를 움직이거

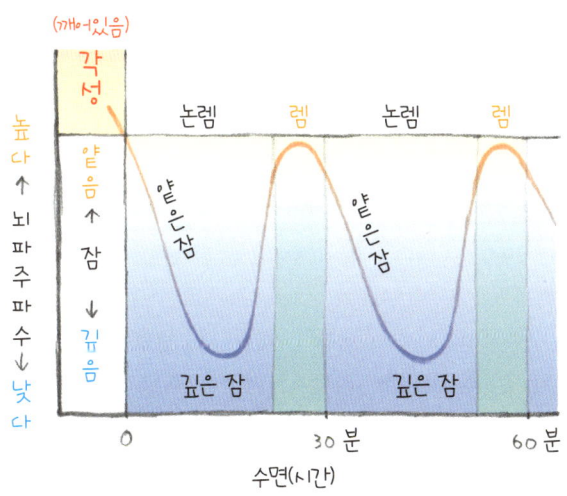

고양이의 한 수면 주기는 약 30분이다. 논렘수면(잠자기 시작하여 얕은잠 → 깊은잠, 20~25분)과 렘수면(5~10분)이다

나 맛있는 냄새가 나면 바로 눈을 뜹니다. 앞발을 접어서 몸 안에 숨긴 상태로 앉은 일명 '식빵굽기자세'를 하고 있는 고양이는 흥미를 끄는 일이 일어나지 않으면 머지않아 꾸벅꾸벅 졸다가 그대로 얕은 잠에 빠져듭니다.

그리고 서서히 깊게 잠들며 주변의 자극에도 별로 반응하지 않게 됩니다. 그리고 근육의 긴장도 완화되어 편안한 숙면상태가 됩니다. 그것에 따라서 뇌파주파수나 뇌의 대사량도 저하되어 에너지를 유지합니다. 즉 뇌도 신체도 피로를 풀며 휴식하고 있는 것이지요.

계속해서 거의 전신 근육이 이완되어 몸은 나른해져 있는데, 뇌파주파수가 수면에 들어가는 단계까지 다시 올라가고 뇌가 각성상태(깨어 있는 상태)에 가까워지는 렘수면에 이릅니다. 몸은 자고 있는데 뇌는 깨어있는 상태인 것이죠.

연령에 따라서 짧아지는 렘수면은 수면 주기에서 **뇌를 깊은 수면 상태로부터 눈뜨게 하여 활성화시키고 기억을 정리하거나 정착시켜 학습에도 중요한 역할을 하고 있다**고 합니다. 논렘과 렘수면의 비율은 동물의 종류에 따라 다르며 동물의 종류에 따른 수면 비교 연구는 이후에도 수면의 수수께끼를 풀기 위한 큰 열쇠가 될 것입니다.

또한 렘수면 중에 무리하게 깨우면 꿈을 꾸고 있는 경우가 많습니다. 그렇기 때문에 렘수면은 인간이 꿈을 꾸는 메커니즘에 관계하고 있다고 추측됩니다. 렘수면 때, 고양이는 팔과 다리, 꼬리, 수염을 실룩실룩 거리거나 음냐음냐 하며 잠꼬대를 하기도 하고 때에 따라서는 눈을 뜬 채로(제3의 눈꺼풀이라고도 불리는 하얀 **순막**이 나와 있어 조금 무서워 보이죠) 잠자기도 합니다. 고양이도 꿈을 꾸고 있는 것은 아닐까 하고 생각할 수 있지만 어떤 꿈을 꾸고 있는지는 고양이에게 물어볼 수밖에 없는 일이지요.

제4장 고양이 행동의 비밀을 파헤쳐보자

논렘수면 중(얕은 수면)
꾸벅꾸벅 졸고 있다. 소리가 나면 귀를 소리가 나는 방향으로 움직이고 주변의 자극에 반응한다.

논렘수면 중(깊은 수면)
숙면 중. 어지간한 일로는 깨지 않는다.

렘수면 중
근육이 이완되고 전신이 완전히 축 늘어진 상태로 팔과 다리, 꼬리, 수염, 눈꺼풀 등을 씰룩씰룩 움직이기도 한다.

식빵굽기자세로 주변을 관찰 중. 아무일도 없다면 꾸벅꾸벅 존다.

※이 일러스트의 포즈는 한가지 예로, 각각의 수면 단계를 표현한 것은 아닙니다.

자는 곳이나 자는 모습에는 어떤 의미가 있을까?

고양이가 자는 모습은 보는 것만으로도 마음이 편안해지고 행복해집니다. 몸이 유연한 고양이는 그 장소에 맞춰서 놀라울 정도로 다양하게 자는 모습을 선보입니다.

고양이는 기본적으로 **조용히 주변을 둘러 볼 수 있는 조금 높은 곳에 있는 안전한 장소에서 자는 것**을 선호합니다. 잠자리는 고양이의 경계심의 강도나 계절에도 좌우되고 취향도 제각각입니다.

경계심이 강한 고양이일수록 높은 장소나 혹은 침대 밑, 울타리가 있는 곳 등 다른 고양이나 인간의 눈에 띄지 않거나 손이 닿지 않는 장소를 선호합니다. 반대로 사람이 다니는 길이나 방 한가운데, 즉 어디에서라도 잘 수 있는 고양이는 경계심이 없고 완전히 안심하고 있는 상태라고 할 수 있습니다.

경계심의 정도에 따라 자는 모습도 바뀝니다. 경계 중에는 자고 있더라도 되도록 바로 일어날 수 있는 자세를 갖추고 있을 필요가 있기 때문입니다. 급소가 되는 목이나 배를 감추고 스핑크스 같은 자세나 팔과 다리, 꼬리를 숨기고 동그란 자세로 잡니다. 반대로 벌러덩 뒤집어져서 배를 내놓고 팔다리를 늘린 채 퍼져서 자는 고양이는 경계심이 하나도 없는 100% 릴랙스한, 완전히 안심한 상태라고 봐도 무방합니다.

추울 때는 배나 이마를 감춘다

실내에서 생활하는 고양이는 경계심이 거의 없습니다. 그렇기 때문에 자는 모습이 계절(기온)에 주로 영향을 받습니다. 추울 때는 따뜻하게, 더울 때는 통풍이 잘 되는 시원하고 쾌적한 장소에 집사보다도 먼저 자리잡습니다. 추울 때(15도 이하)에는 되도록 열이 빠져나가지 않게 하기 위해 몸을 조그맣게 둥글게 말고 특히 추위에 민감한 배나 이마를 감추고 잡니다. 기온이 높아짐에 따라 체열을 발산할 수 있도록 몸을 열고 여름의 뜨거운 날에는 찬 마루 위에 길게 늘어뜨리고 잡니다.

그렇다고는 하지만 자는 모습에 관해서는 사람도 옆으로 눕기, 엎드려 눕기, 똑바로 눕기 등 선호하는 자세가 있는 것처럼 고양이에게도 취향이 있다고 합니다.

여담이지만, 독일에서 고양이 집사에게 실시한 설문조사에 따르면 '고양이가 옆으로 누워서 자고 있을 때 왼쪽보다 오른쪽을 아래로 하고 자는 고양이가 압도적으로 많다'고 하는 결과가 나왔습니다. 진짜인지는 모르지만, '오른쪽을 아래로 해서 자는 것이 심장을 압박하지 않기 때문에 편안하게 잘 수 있다'고 하는 설도 있습니다. 고양이도 그 사실을 알고 있는지도 모르지요.

고양이는 몸을 둥글게 말거나 옆으로 눕거나 엎드려 눕거나 벌러덩 누워서 잔다. 고양이의 잠자리나 자는 모습은 경계심의 정도나 기온, 각각의 취향에 따라 다양하다.

어째서 일부러 준비해 준 고양이 침대에서 안자는 걸까?

고양이는 근처에 상자나 봉투가 놓여 있으면 대부분 안으로 들어가려고 합니다. 그것이 작은 상자라도 무리해서 쏙 들어가고 맙니다.

이것은 야생 동물이었던 시절 고양이가 자신을 사냥하려고 하는 동물에게서 몸을 숨기기 위해 암벽의 틈 사이나 나무 밑동의 굴 등 좁은 장소에서 자던 행동의 흔적으로, **무언가로 둘러싸인 장소에 쏙 하고 들어가면 고양이는 안심하게 됩니다.** 그래서 고양이는 상자나 봉투를 보면 일단 쾌적할지 어떨지를 체크하기 위해 들어가지 않고는 못 배기게 됩니다.

또 고양이가 높은 곳을 선호하는 것도 야생 동물이었던 시절에 주위에서 적이 다가오지는 않는지 망을 보던 행동의 흔적입니다. 상대의 눈에 띄지 않으면서 주변을 잘 볼 수 있는 장소는 안심이 되고, 만일 싸움이 생기더라도 유리한 위치를 선점할 수 있다는 이점도 있습니다.

비싼 침대를 사줘도 그다지 흥미를 보이지 않는 경우가 있습니다. 하지만 변덕스러운 고양이는 갑자기 사용하기도 하기 때문에 잠시 동안은 놓아둔 채 상황을 살펴보는 것이 좋습니다. 그곳에 고양이의 냄새가 나는 수건 등을 깔아두면 자신의 냄새가 나기 때문에 안심하고 잘 가능성도 높습니다. 잠자리를 한번 사용하면, 그곳에는 자신의 냄새가 배어있기 때문에 마음에 들어 하며 계속 사용하게 됩니다.

고양이는 **잠자리에 매우 까다로워서** 이따금씩 잠자리를 바꾸는 습성도 있습니다. 그렇기 때문에 잠자리를 여러 개 준비해 놓고 고양이가 선택할 수 있도록 하는 것도 좋은 방법입니다. 종이 상자나 바구니 등을 이용하여 안에 낡은 수건이나 매트리스 등을 깔고 방 모퉁이처럼 조용한 곳에 놔두면 고양이가 틀림없이 아주 마음에 들어 할 것 입니다. 상자라면 망가져도 바로 다시 만들 수 있어서 매우 편리하지요.

마음에 든 잠자리는 온도에 따라 더울 때에는 통풍이 잘 되는 시원한 곳, 추울 때에는 햇살이 잘 드는 따뜻한 곳으로 이동해 주는 것도 좋습니다.

특이한 모양의 소품 안에서 자리잡은 고양이. 고양이의 마음에 든 잠자리의 형태는 다양하다

고양이는 좁은 장소에 들어가는 것을 매우 좋아한다. 모처럼 사준 침대보다도 종이 상자를 더욱 선호하는 경우도 있다

바구니 속에서 자는 고양이

박스로 만든 집 안에서 자는 고양이

고양이가 자는 척 할 때도 있을까?

고양이에게 있어서 자는 것은 뇌나 몸을 쉬게 해주는 중요한 시간입니다. 하지만 큰 스트레스를 받을 때에도 눈을 감고 **자는 척**을 하는 경우도 있습니다. 이 자는 척은 '내가 눈을 감고 안보면 상대도 나를 볼 수 없겠지'라는, **주위와의 접촉을 차단한다는 의미**가 있습니다. 사람이 어떤 상황을 피하고 싶을 때 자는 척하며 들리지 않는 듯이 있는 것과 비슷합니다.

실제로 동물 보호시설에서 보호하고 있는 고양이를 8개월 간 관찰한 결과, 고양이는 처음 3개월 정도는 자는 시간(누워서 눈을 감고 있는 시간)이 길다는 것이 밝혀졌습니다. 새로운 환경에서 스트레스를 받고 자는 척을 하고 있는지 아니면 스트레스 상태를 극복하기 위해 긴 수면이 필요한 것인지는 조금 미묘합니다. 하지만 3개월을 넘긴 시점부터 자는 시간이 줄어들고 그루밍을 하는 시간이나 활동 시간이 늘어났다고 합니다.

사람에게 길들여진 고양이라도 예를 들면 아이가 소란스럽게 쉼 없이 방안을 뛰어다니거나 많은 손님이 찾아와서 큰 음악을 틀어놓거나 하는 상황이 길게 지속되면 그 상황을 스트레스로 느껴서 달리 갈 곳이 없으면 방 한 구석에 앉아 눈을 감거나 등을 둥글게 말고 눈을 감고 있는 경우가 있습니다. 소리가 나는 방향으로 귀만 움직이고 얼굴 표정도 굳어지는, 전혀 편안하지 않은 모습을 볼 수 있습니다.

자는 척을 하는 고양이는 경계하면서도 머지않아 꾸벅꾸벅 졸다가 자버리는 경우가 있습니다. 하지만 수면에 충실한 상태는 아니기 때문에 충분히 릴렉스하지는 못합니다. 펫샵 등에서 케이지에 들어가 있는 고양이가 눈을 감고 자는 척을 할 때도 있습니다. 물론 심심해서 자는 수 밖에 없다는 이유도 있지만요.

스트레스를 받은 고양이는 자는 척을 하기도 한다

펫샵의 좁은 케이지에 갇혀서 토라진 채 잔다

하품을 하는 이유는 졸려서일까?

고양이는 자고 일어났을 때 '잘 잤다~'라는 느낌으로 하품을 자주 하곤 합니다. 사람이 지치거나 심심하거나 졸릴 때에 하품하는 것과 마찬가지로 고양이도 심심하고 졸릴 때 하품을 합니다. 턱이 빠지는 건 아닐까 걱정될 정도로 크게 입을 벌리고 숨을 들이쉽니다.

생리학적으로 하품은 산소를 뇌에 많이 보내서 뇌를 활성화시켜 기운을 되찾게 합니다. 또 턱과 얼굴의 근육을 풀고 내이의 압력을 바깥 공기와 조정하는 역할을 하고 있다고 추측됩니다. 그러나 산소를 들이마시기 위해서 하품을 한다는 설에 과학적인 근거는 없습니다. 실제로 산소 결핍 상태에서 보다 빈번하게 하품을 한다는 사실은 없습니다. 최근 연구에서는 하품 직후에 **뇌 온도가 내려간다는 사실에서 뇌의 온도가 아주 조금 올라가면 하품을 일으켜 뇌의 온도 조절에 관여하고 있는 것은 아닐까** 하고 추측하고 있습니다.

하품에는 사회적인 커뮤니케이션 역할도 있습니다. 사람, 침팬지, 사자에서는, 이유는 불분명하지만 하품을 옮긴다는 것이 밝혀졌습니다. 이로 인해 하품이 감정 표현이나 커뮤니케이션 역할도 담당하고 있다고 추측됩니다. 동물에 따라서(하마 등)는 어금니를 보이는 것이 위협을 의미하기도 합니다. 하지만 고양이의 하품은 위협과는 반대 의미가 있습니다. 실제로 고양이가 하품을 하고 있을 때 얼굴은 어금니(송곳니)가 보이고 있는데도 불구하고 다음 쪽에 표기해 놓은 것처럼 위협의 얼굴과는 대조적인 것을 알 수 있습니다.

예를 들어 다른 고양이가 째려보거나 집사가 화내고 있을 때 고양이가 하품하는 이유는 상대에게 '나는 이대로 조용히 있을 거야. 싸움할 마음은 없다구!'라는 우호적인 의사표시를 하고 있는 것입니다. 고양이 사이에서 하품이 옮는지는 확인된 바가 없지만, **하품으로 긴박한 상황을 진정시키는 효과**가 있다는 것은 틀림없습니다. 하품으로 뇌의 온도가 내려간다면 확실히 '머리를 식히는' 것이네요. 사람이 하품을 되돌려준다면 고양이도 더욱 릴랙스할 수 있을지도 모르겠습니다.

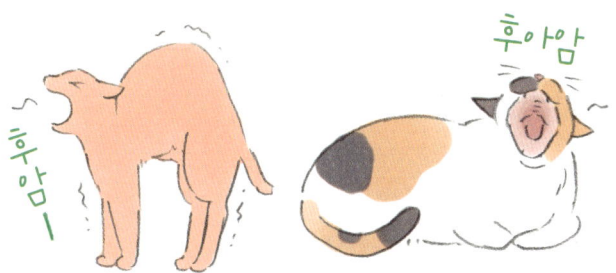

고양이가 하품을 하는 것은 졸릴 때 만이 아니다. 자고 일어나서의 하품(왼쪽), 졸릴 때의 하품(오른쪽). 그 상황의 긴장을 풀어주는 효과도 있다.

하품과 위협의 표정은 닮아 있는 듯 하지만 대조적이다

🐾 하품과 위협의 차이

	하품	위협(하악, 샤악)
호흡	들이마신다	뱉어낸다
구각(口角)	크다	작다(날카롭다)
수염	넓게 퍼진다	긴장하여(송곳니를 강조하기 위해) 약간 뒤를 향한다. 공격 직전은 앞을 향한다
눈	감고 있는 경우가 많다	눈을 크게 뜬다
의미	우호적	위협

왜 일어난 후 크게 기지개를 켜는 것일까?

자고 일어나서 크게 하품을 하며 기지개를 하는 고양이의 모습을 자주 볼 수 있습니다. 기상시의 기지개는 사람에게 있어서도 기분 좋은 것입니다. 크게 기지개를 켜는 것은 수축된 근육이나 힘줄을 늘려 전신의 혈액순환을 도와주고 산소를 전신에 골고루 분포하게 해 활동모드로 들어가게끔 합니다. 하품이나 기지개를 하면 뇌로부터 뇌내 마약이라고도 불리는 기분을 좋게 하는 신경전달물질 베타 엔돌핀이 분비됩니다. 그렇기 때문에 기지개는 틀림없이 **심신을 상쾌하게 해주는 효과가 있다**고 할 수 있습니다.

고양이의 기지개 자세는 크게 3가지로 분류할 수 있습니다.

① 등을 활처럼 굽혀 높게 들어올린 뒤 등을 중심으로 전신을 늘리는 포즈.
② 뒷다리는 그대로 둔 채 앞다리를 어깨부터 발가락 끝까지 힘껏 늘어뜨리고 전신을 낮은 자세로 낮춘다. 앞다리를 중심으로 몸을 늘리는 포즈. 이때 엉덩이와 함께 꼬리가 올라가는 경우가 많고, 발톱을 갈기도 한다.
③ 앞다리를 1보 내디뎌 몸을 앞으로 갖고 간 뒤, 등부터 뒷다리(좌우 교차 혹은 좌우 동시)를 중심으로 몸을 늘리는 포즈. 이 포즈를 하고 나서 그대로 걸어가기도 한다.

자고 있는 자세 그대로 앞다리를 충분히 늘리는 고양이도 있는 등 그때의 기분에 따라 다양한 기지개 패턴이 존재합니다. 사람도 이런 고양이 기지개 포즈를 따라 해서 요가 동작으로 이용하고 있습니다.

고양이 자세나 **고양이 기지개 자세**라고도 불리는 이 동작은 릴랙스 효과가 있습니다.

고양이는 기지개로 활동 모드에 진입한다

고양이의 기지개 자세는 요가에서도 사용하고 있다

고양이는 왜 일광욕을 좋아할까?

고양이는 햇빛을 가득 쬐며 일광욕하는 것을 매우 좋아합니다. 특히 추운 계절에는 창문에서 쏟아져 들어오는 햇빛의 움직임에 맞춰서 이동하며 일광욕을 즐기기도 합니다. 고양이가 일광욕을 하는 것은 따뜻하고 기분이 좋아지기 때문입니다. 하지만 건강을 유지하기 위함이기도 하지요.

일단 일광욕은 피부나 털을 건조시키는 살균효과도 있습니다. 털이나 피부가 젖은 상태라면 피부염의 원인이 되기 때문입니다. 햇빛이 들어오는 따뜻한 장소에서 벌러덩 누워 데굴데굴 굴러다니면 마사지 효과도 있습니다. 털에 붙은 미세한 흙(밖에서 뒹굴 경우)은 일어나서 몸을 털 때 수분이 없는 드라이샴푸 같은 작용도 합니다. 그리고 피부에 남은 피지를 없애주고 외부 기생충을 감소시키는 효과도 있습니다.

우리 사람을 포함하여 일광욕을 하며 많은 동물이 비타민 D(그 중에서도 비타민 D3)를 합성하는 것은 잘 알려져 있습니다. 뼈의 건강을 유지하기 위해 없어서는 안될 비타민 D는 피부에 있는 비타민 D의 전구물질인 7-데히드로콜레스테롤(7-dehydrocholesterol)이 자외선과 만나면 합성됩니다.

현대의 반려묘는 일광욕이 필요 없다?

그러나 고양이의 피부는 7-데히드로콜레스테롤의 농도가 낮기 때문에 자외선에 의해 충분히 비타민D를 합성할 수 없습니다. 이 때문에 고양이는 필요한 비타민 D를 **일광욕으로 생성하는 것이 아니라 식사를 통해 섭취**한다고 생각하는 편이 좋습니다. 양질의 고양이 사료(종합영양식)를 언제든지 살 수 있는 현재에는 반려묘가 비타민 D가

부족할 일이 일단 없기 때문에 그렇게 걱정하지 않아도 됩니다.

이렇게 생각하면 고양이에게 있어서 일광욕은 필수불가결하지는 않습니다. 그러나 고양이가 일광욕을 만끽하고 있는 모습을 보면 실내에서 고양이를 키워도 창문 등 햇살이 좋은 장소에 고양이가 마음에 들어 할 공간을 만들어주고 싶어집니다. 발코니가 있다면 안전을 위해 추락방지용 망을 설치하고 고양이가 자유롭게 드나들 수 있도록 해두면 바깥 풍경도 즐길 수 있는 최고의 공간이 될 것이라고 생각합니다.

단, 하얀 털이 많은 고양이나 귀 등 털이 많이 없는 부분은 자외선의 영향을 잘 받고 장시간 강한 햇빛(자외선)을 받으면 **일광성피부염**이 유발되는 경우도 있으므로 주의해야 합니다.

고양이는 릴랙스 할 수 있는 일광욕을 매우 좋아한다

그루밍은 왜 하는 걸까?

깔끔한 것을 좋아하는 고양이도 있고 그렇지 않은 고양이도 있기 때문에 일률적으로는 말할 수 없지만 고양이는 깨어있는 시간의 10~30%를 그루밍하는데 쓴다고 합니다. 고양이가 그루밍을 그렇게 열심히 하는 이유는 그루밍에는 많은 역할이 있기 때문입니다.

첫 번째는 **털의 결을 정리하고 피부를 청결하게 유지하는 역할**입니다. 작은 유상돌기mastoid process가 있는 까칠까칠한 혀로 털을 깔끔하게 빗고 오래된 털이나 곱슬마디(털이 뭉친 것)를 없애고 피부의 더러움이나 외부기생충을 제거합니다.

두 번째는 **체온조절의 역할**입니다. 깔끔하게 손질한 털은 추운 겨울에 털 사이에 공기를 머금어서 보온 효과를 냅니다. 반대로 더운 여름에는 핥으면서 묻은 침이 증발하여 냉각 효과를 일으킵니다. 사람처럼 전신으로 땀을 흘려 체온조절을 할 수 없기 때문입니다.

고양이의 조상이 원래 기온이 높은 사막에서 생활했던 것을 생각하면 그루밍해서 체온을 낮추는 것은 고양이가 생존하기 위해서 없어서는 안될 작업이었던 것이지요.

세 번째는 **핥는 것으로 피지선을 자극하여 피지 분비를 조절하는 역할**입니다. 분비된 피지는 수분을 튕겨내어 물에 젖지 않도록 막아주어 피부를 보호합니다. 또 분비된 피지에 의해 아이덴티티라고도 할 수 있는 자신의 냄새를 항상 유지할 수 있습니다. 고양이가 얼굴, 손발의 뒷부분, 꼬리의 뿌리부분이나 항문 주위 등에 있는 분비선으로부터 냄새가 나는 물질(페로몬)을 분비한다는 것은 앞서 설명했습니다. 하지만 그루밍하는 것으로도 몸 전체에 페로몬 냄새가 퍼지게 되는 것이지요.

네 번째는 **마사지 효과로 피부의 혈액순환이 잘 되게 하고 긴장을**

풀어서 기분을 진정시키는 중요한 역할입니다. 예를 들면 착지에 실패하거나 집사에게 혼날 때 등 고양이가 갑자기 그루밍을 시작하는 경우가 있습니다. 또 52쪽에서 설명했듯이 고양이 끼리나 고양이와 집사의 상호 그루밍은 동료 냄새를 공유하여 유대를 돈독히 한다는 의미가 있습니다.

냥이의 그루밍에는 많은 역할이 있다. 오돌토돌한 혀는 빗의 역할을 한다.

그루밍은 어떻게 할까?

고양이는 밥을 먹고 난 뒤나 자기 전후에 그루밍을 하곤 합니다. 평상시보다 더 맛있는 것을 먹은 뒤에는 입 주변이나 얼굴의 그루밍을 더욱 정성 들여서 한다는 보고도 있습니다. 고양이는 몸이 유연해서 여러 자세로 몸의 거의 모든 부분을 손질할 수 있습니다. 고양이가 그루밍을 하는 모습을 관찰해보면 **일련의 순서가 있다는 것**을 알 수 있습니다.

기본적으로 앞에서 뒤로 진행합니다. 일단 입과 코, 그리고 손을 혀로 할짝할짝 핥아서 깨끗이 합니다. 발가락과 발가락 사이도 공들여서 닦습니다. 고양이의 발톱은 허물鞘이 몇 겹이나 겹쳐져 있는 구조로 되어 있습니다. 바깥쪽이 벗겨져 떨어질 듯한 낡은 허물을 앞니로 벗겨내기도 합니다.

다음으로 핥아서 침으로 축축해진 손 안쪽을 사용하여 얼굴이나 귀 뒤쪽까지 깨끗이 닦습니다. 오른손, 왼손을 번갈아 사용하며 그것이 끝나면 앉거나 누운 자세로 앞다리, 어깨, 가슴, 옆구리를 깨끗이 하고 마지막으로 배, 엉덩이, 뒷발, 꼬리도 앞쪽으로 뻗어서 깨끗이 그루밍을 합니다. 곱슬마디(뭉친 털)가 남아 있거나 잘 손질하지 못한 부분은 앞니로 '아그작아그작'하고 씹는 경우도 있습니다. 뒷다리로 귀 뒷부분 등을 '벅벅' 긁을 때도 있습니다.

그루밍은 건강의 바로미터

새끼 고양이는 생후 3주 정도부터 서서히 그루밍을 시작하여 6주 정도가 되면 혼자서도 잘 하게 됩니다. 그루밍할 때 자세나 시간, 특히 정성 들이는 부분은 고양이마다 제각각 개성이 있습니다. 하지만 평균적으로 암고양이가 수고양이보다 시간이 깁니다.

단, 고양이는 피부가 간지럽거나 무언가 위화감(통증)을 느끼면 반드시 피부를 핥기 때문에 그루밍 시간이 길어지기도 합니다. 알레르기성 피부염, 기생충, 곰팡이 등에 따른 피부질환을 비롯한 다양한 신체 질환이 원인일 경우도 있습니다. 이렇다고 할 이유가 없는데도 집요하게 털을 뽑거나 피부에 염증이 생길 때까지 핥는 경우는 심심함, 욕구불만, 무언가로 인한 정신적 스트레스가 원인이 되는 심인성 증상을 고려해 볼 수 있습니다.

또한 병이나 부상 등으로 몸 상태가 나쁘면 지금까지 그루밍을 잘 해오던 고양이가 그루밍을 잘 하지 않게 되기도 합니다. 그루밍은 고양이의 **심신 상태를 나타내는 바로미터**라고 할 수 있지요.

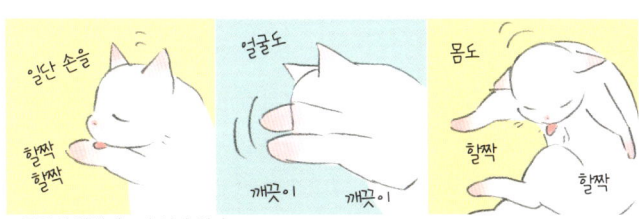

그루밍의 방법에도 순서가 있다

고양이는 몸이 유연하여 사람은 따라할 수 없는 자세로 그루밍을 한다

고양이는 타고난 사냥꾼일까?

어떤 고양이라도 별로 크지 않고 그다지 빠르지 않은 사냥감, 예를 들면 쥐, 새, 도마뱀, 곤충 등을 보면 수렵본능이 자동적으로 깨어납니다. 배가 불러도 잡고 싶은 충동은 억제할 수 없습니다. 어두운 구멍이나 틈을 발견하면 탐색하지 않고는 못 배기는 이유도 이 때문입니다. **고양이는 그야말로 타고난 사냥꾼**입니다.

사냥감이 움직이는 미세한 소리를 캐치할 수 있는 예민한 귀, 어둠 속에서도 사냥감을 놓치지 않는 예리한 눈, 자유롭게 꺼낼 수 있는 날카로운 발톱, 사냥감의 숨통을 끊는 뾰족한 어금니(송곳니), 발끝으로 서서 소리 없이 걸을 수 있는 네 다리, 유연한 몸과 순발력을 가진 근육…… 고양이의 몸은 사냥감을 잡기 위해서 만들어졌다고 해도 과언이 아닙니다.

실내에서 기르는, 언뜻 조용해 보이는 반려묘라도 방에 들어온 벌레나 창 밖의 작은 새 등을 본다면 수렵 본능이 자극되어 사냥꾼의 눈매로 바뀝니다.

숨통을 끊는 기술은 제일 어렵다

그렇다고는 하지만 훌륭한 사냥꾼이 될지는 어미 고양이의 영향을 크게 받습니다. 새끼 고양이가 생후 4주 정도가 되면 어미 고양이는 처음으로 죽은 사냥감(작은 쥐 등)을 가져옵니다. 그리고 점점 살아 있는 사냥물을 식량으로서 가져오게 되지요. 새끼 고양이는 사냥물에게 사냥 게임을 하는 것처럼 슬며시 다가가거나 쫓아 다니거나 낮은 자세에서 점프하여 손으로 누르거나 발톱으로 걸어서 집어 던지거나 입에 물기도 합니다. 어떤 고양이라도 이런 수렵본능으로부터 기인하는 행동을 합니다.

하지만 사냥감을 원활하게 잡는 데에는 이런 하나하나의 움직임을 일련의 동작으로서 잘 조합하지 않으면 안됩니다. 타고난 사냥의 재능을 받은 고양이도 그렇지 않은 고양이도 있습니다. 그렇지 않은 고양이는 경험을 통해 조금씩 사냥 기술을 갈고 닦습니다.

이처럼 새끼 고양이는 어미 고양이의 행동을 관찰해서 많은 것을 배웁니다. 하지만 **사냥감의 숨통을 끊는 기술은 최대의 난관**입니다. 형제 고양이끼리 경쟁적으로 사냥감을 쟁탈하며 사냥감을 무는 정도를 보다 빨리 익힙니다. 생후 8주 정도가 되면 작은 쥐 정도는 잡을 수 있게 되고 더욱 사냥꾼으로서의 능력을 세련되게 가꿉니다.

어떤 고양이라도 수렵본능을 갖추고 있다. 배가 고프지 않아도 이런 충동은 억제되지 않는다.

고양이가 훌륭한 사냥꾼이 되려면 새끼 고양이 때부터 하는 사냥 연습은 필수다. 어미 고양이가 살아있는 사냥감을 가져오면 새끼 고양이끼리 쟁탈하면서 사냥감을 무는 정도를 빨리 익힌다. 새끼 고양이는 사냥감을 빼앗기지 않으려고 강하게 물게 되는데, 이 때 숨통을 끊는 법을 배운다.

사냥은 어떻게 할까?

고양이의 사냥은 크게 네 가지 단계로 분류할 수 있습니다.

① 사냥감이 움직이는 희미한 소리를 캐치하고 사냥감의 존재를 발견하면 그 방향으로 몸을 낮추고 조용히 다가갑니다.
② 상황에 따라서 속도를 내어 달려들거나 살금살금 접근합니다. 사냥감이 조금이라도 눈치 챈듯 보이면 마치 '무궁화 꽃이 피었습니다' 놀이를 하는 것처럼 그 자세 그대로 움직이지 않습니다. 사냥감과의 거리가 충분히 좁혀지면 낮은 자세로 상황을 살피다가 덮칠 타이밍을 봅니다. 머리를 좌우로 약간 흔들어 다른 앵글로 관찰하며 정확한 거리를 계산합니다. 이때는 뒷다리를 제자리 걸음하며 엉덩이를 흔들고 꼬리의 끝도 실룩실룩 거립니다. 그리고 사냥감에게 절대 눈을 떼지 않지요.
③ 사냥감을 향해서 점프하고 왼손이나 오른손으로 움직이지 못하게 누릅니다. 점프해서 사냥감을 덮치기 직전 수염은 전방을 향하고 동공은 커집니다.
④ 제압당한 사냥감을 입으로 물 때는 시각은 물론 수염으로 쥐의 털 방향을 순간적으로 판단합니다. 또 사냥감을 문 턱을 아작아작 재빠르게 움직이고 상하 송곳니가 딱 사냥감의 목덜미의 경추와 경추 사이에 오도록 자세를 조정합니다. 자세가 정해지면 덥석 깨물어 숨통을 끊습니다.

먹기 위해 사냥감을 잡는 고양이에게 있어서 수렵은 살아가기 위한 하나의 수단입니다. ①과 ②의 단계에서 긴 시간을 들여 겨우 ③단계

제4장 고양이 행동의 비밀을 파헤쳐보자

로 도달할 수 있습니다.

또 고양이는 이전에 쥐를 잡은 굴 등을 잘 기억해 두었다가 굴의 출입구에서 쥐가 나오는 것을 참을성 있게 기다리기도 합니다. 그리고 쥐가 나오면 바로 덮치지 않고 쥐가 굴의 출입구로부터 충분히 떨어질 때까지 가만히 기다립니다. ③단계에서 덤벼드는 순간 실패하여 사냥감을 놓치면 에너지를 매우 낭비하게 되기 때문입니다.

닌자처럼 다가가서 사냥감을 잡는 순발력도 필요하지만 **참을성 있게 기회를 노리는 인내심이 사냥을 성공시키는 비결**이라고 할 수 있습니다.

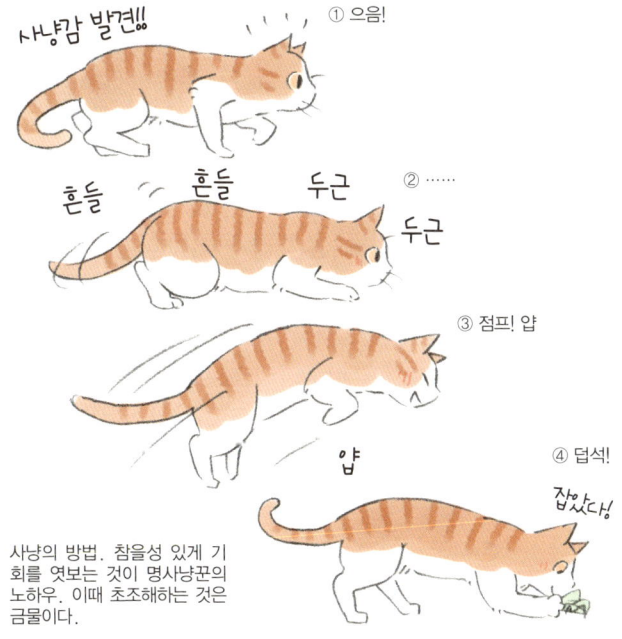

사냥의 방법. 참을성 있게 기회를 엿보는 것이 명사냥꾼의 노하우. 이때 초조해하는 것은 금물이다.

왜 사냥감을 죽이지 않고 던지면서 가지고 놀까?

고양이는 잡은 사냥감을 바로 죽이지 않고 가지고 노는 경우가 있습니다. **특히 먹기 위해 사냥을 할 필요가 없는 집고양이에게서 자주 볼 수 있는 행동**입니다. 잡아서 입으로 문 사냥감을 일단 입에서 떨어트려 놓아주고 도망가려고 하는 사냥감을 때리거나 던지거나 다시 입으로 물거나 합니다.

이것을 반복해서 머지않아 사냥감이 약해져서 움직이지 않게 되어도 잠시 동안은 던지며 가지고 놀고 움직이지 않는 사냥감에게 흥미가 없어지면 그 장소를 떠나기도 합니다.

이것이 새끼 고양이라면 아직 사냥감의 숨통을 제대로 끊지 못해서 사냥 연습을 하고 있다고 할 수 있습니다. 하지만 성묘가 마치 사냥감을 괴롭히며 가지고 노는 듯한 행동을 하는 것은 잔혹하게도 보이며 좀처럼 이해하기 힘듭니다.

지금까지는 잡은 사냥감의 숨통을 끊지 않고 가지고 노는 것을 어미 고양이나 형제 고양이로부터 빠른 시기에 분리되어 새끼 고양이 때에 '어떻게 숨통을 끊는지를 배우는 기회가 없었기 때문'이라고 여겨졌습니다.

하지만 실제로는 사람에게 길러져서 수렵 경험이 없어도 성묘가 되어 쥐를 죽이는 것을 익히는 고양이도 있고, 2~3일 공복 상태가 지속되면 집고양이를 포함하여 거의 모든 고양이는 (그 장소에 쥐가 있다면) 본능적으로 쥐를 잡아 먹을 것입니다.

그러나 사냥감을 죽이지 않는 것은 단순히 배가 고프지 않기 때문이 아니라 먹이를 받아먹는 집고양이는 교배에 교배를 거듭하면서 수렵의 최종 단계-사냥감의 숨통을 끊는 욕구가 약해져서가 아닌가 하는 견해도 있습니다.

맛있는 먹이를 먹을 수 있고 집사에게 어리광 부리고 언제까지나 새끼 고양이인 채로 있을 것 같은 반려묘에게 있어서는 숨통을 끊는 자극보다도 사냥감으로 노는 자극이 더 크게 느껴지고, 새끼 고양이처럼 가능한 한 **사냥감으로 가지고 노는 시간을 오래 끌려고 하는 것**은 아닐까요?

어쩌면 반격 당할 것을 무서워할 가능성도 있다

한편 사냥감의 숨통을 끊은 경험이 없어서 별로 자신감이 없는 고양이는 **불안감 때문에 사냥감을 물지 못한다**고도 생각됩니다. 타고난 사냥꾼인 고양이라고는 하나, 쥐에게 덤비는 건 가능해도 덥석 하고 목을 물어 숨통을 끊는 작업은 당연하게 할 수 있는 일이 아니기 때문입니다. '궁지에 빠진 쥐가 고양이를 문다'는 속담처럼 쥐도 궁지에 몰리면 필사적으로 고양이를 물려고 합니다.

고양이가 숨통을 끊지 않고 사냥감을 가지고 노는 이유는 '배가 고프지 않아서', '집고양이라서 숨통을 끊으려는 욕구가 약해서', '새끼 고양이처럼 사냥감을 가지고 노는 것이 즐겁고 오랫동안 놀고 싶어서', '숨통을 끊는 것이 무섭다' 등을 고려할 수 있다.

특히 사냥감의 종류에 따라서는 (커다란 시궁쥐 등) 스스로 사냥감을 잡아서 살아가는 수렵경험이 풍부한 고양이라도 반격 당하면 치명상을 입을 수 있기 때문에 꽉 잡아도 바로 얼굴을 가까이 대어 물지 않습니다.

단독으로 사냥하는 고양이가 사냥을 못하게 되어버리면 죽음과 이어질 수 밖에 없습니다. 수차례 발톱으로 할퀴고, 지면에 던져서 사냥감이 움직이지 않게 되었을 때 숨통을 끊는 편이 안전합니다.

이것과 마찬가지로 사냥 경험이 없는 집고양이라면, 예를 들어 작은 쥐라도 마치 큰 사냥감인 양 발로 때리는 것은 가능해도 얼굴을 가까이 대는 것은 무서워서 숨통을 끊지는 못하기도 합니다.

죽인 사냥감을 가지고 논다?

하지만 스스로 사냥감을 잡아서 살아가는 고양이라도 사냥감의 숨통을 끊어 죽인 뒤 바로 먹지 않고 죽은 사냥감을 발로 공중에 던지거나 가지고 노는 듯한 행동을 보이는 경우가 있습니다. 이 행동의 의미가 확실히 밝혀지지는 않았습니다.

사냥의 성공률은 고양이 사냥꾼의 실력이나 그 지역의 사냥감이 서식하는 수에 크게 좌우됩니다. 평균적으로 2~5번에 한 번 정도이고, 특히 큰 사냥감이나 위험한 사냥감을 잡은 뒤에는 사냥이 성공적으로 끝나서 내심 안심하여 **긴장이나 흥분, 공포심을 가라앉히는 전위행동(여기에서는 사냥감으로 노는 것)**으로 하는 것이 아닐까 추측하고 있습니다.

마치 기쁜 나머지 뛰어오르며 '기쁨의 춤'을 추고 있는 듯 보입니다. 그러나 진짜로 배가 고픈 고양이는 사냥감을 바로 먹고 사냥감으로 노는 행동은 하지 않습니다.

제4장 고양이 행동의 비밀을 파헤쳐보자

숨통을 끊은 사냥감으로 노는 이유는 '사냥의 긴장이나 흥분, 공포심을 가라앉히기 위한 전위행동', '사냥의 성공을 기뻐하고 있는 것', 별로 배가 고프지 않기 때문에 등을 고려할 수 있다.

어째서 잡은 사냥감을 집에 가지고 오는 걸까?

집고양이가 밖에서 잡은 쥐, 작은 새, 곤충 등의 사냥물을 가지고 오는 경우가 있습니다. 때때로는 아직 까딱까딱 움직이는 사냥물을 자랑스러운 듯이 집사 앞에 내려놓기도 합니다. 고양이의 수렵 본능을 충족시키기 위해서 먹지도 않을 거면서 잡은 사냥감에게도 집사에게도 난처한 일입니다. 이 행동에는 여러 가지 설이 있습니다.

일단 집고양이가 **집사를 새끼 고양이처럼 생각해 어미 고양이가 되어 집사를 위해 가지고 온다는 설**이 있습니다. 어미 고양이는 새끼 고양이에게 사냥감을 먹게 하기 위해서나 사냥 연습을 시키기 위해 사냥물을 가지고 오는 습성이 있기 때문입니다. 확실히 이런 행동은 암고양이에게서 많이 볼 수 있습니다. 하지만 수고양이(중성화 수술의 유무에 관계없이)가 사냥물을 가지고 오는 경우도 있다는 것은 이 설이 진짜인지 의심이 가는 부분이기도 합니다.

다음으로 **얼마나 사냥 솜씨가 좋은지를 과시하여 자신의 우월함을 나타내기 위해 사냥감을 가지고 온다는 설**이 있습니다. 또한 단순히 (먹든 안 먹든) 사냥감을 안전한 장소로 옮겨 두기 위해 가져온다는 아귀가 맞는 의견도 있습니다. 사냥감을 죽인 고양이는 그 장소에서 먹지 않고 안전한 장소로 옮겨 먹는 습성이 있기 때문입니다.

어쨌든 안심할 수 있는 장소에만 사냥감을 가져오기 때문에 집고양이가 선물을 가져오면 집사가 고양이에게 신뢰받고 있다는 것임에는 틀림없습니다.

집고양이가 쥐나 작은 새 등을 가지고 오는 것을 그만두게 하고 싶다면, 고양이의 목걸이에 종을 달아 보는 것도 어느 정도 효과가 있습니다. 사냥감이 소리를 듣고 달아나 사냥에 실패하기 때문입니다. 그러나 종 소리를 내지 않고 사냥감에게 다가가는 방법을 익혀버리는 우수한 고양이도 있습니다. 그래서 최근에는 주로 들새를 고양이에게서 보호할 목적으로 다양한 목걸이가 연구되고 있습니다. 예를 들면 7초마다 소리가 나는 목걸이Cat Alert, 영국제나 목걸이에 다는 합성 고무 소재의 턱받이Cat Bibs, 호주제가 있습니다.

밖으로 자유롭게 나갈 수 있는 집고양이 150마리를 대상으로 종이 달린 목걸이와 소리가 나는 목걸이를 실험해 본 결과, 종을 달면 평균적으로 약 30%(새는 40%), 소리가 나는 목걸이는 40%(새는 50%) 정도 가지고 오는 사냥물의 수가 줄었다고 합니다. 즉 소리가 나는 목걸이를 걸면 새 2마리 중 1마리를 구할 수 있게 됩니다. 약 60마리의 고양이를 대상으로 시행한 다른 조사에서는 고양이의 턱받이가 들새의 수렵을 70% 가까이 방지한다는 결과도 있습니다.

물론 들새 보호도 중요하지만 목걸이의 안정성이나 목걸이를 착용하는 고양이의 심리상태도 의문이 듭니다. 목걸이는 나무 등에 걸려서 목이 졸리는 사고를 방지하기 위해 일정 힘이 가해지면 벗겨지는 타입의 안전한 목걸이를 선택하는 것이 좋습니다.

소리가 나는 목걸이　　**턱받이 타입**

사냥감을 잡아서 집으로 가져오는 이유는 아직 명확하게 밝혀지지 않았습니다.

집고양이의 수렵을 실패하게 하기 위한 목걸이도 고안되고 있습니다. 7초마다 소리가 나는 목걸이(왼쪽)와 목걸이에 달린 고양이 턱받이(오른쪽)

어째서 쥐와 친하게 지내는 고양이가 있는 걸까?

고양이는 타고난 **수렵 본능**을 가지고 있습니다. 하지만 특정 동물-예를 들면 쥐나 작은 새를 선천적으로 사냥감으로서 인식하는 것은 아닙니다. 고양이의 사회화기라고도 불리고, 모든 것에 대해 유연한 적응력을 가진 시기(생후 2~8주간)에 쥐를 사냥의 대상, 사냥감으로서 인식할 기회가 없이 쥐와 함께 자란다면 그 쥐와 친하게 지내는 경우도 있습니다. 특히 이 시기에 어미 고양이나 형제 고양이로부터 떨어져 접촉할 기회가 없으면 **함께 사이 좋게 자란 다른 종의 동물을 동료로 여기는 경향이 높습니다.**

그러나 특정 쥐와 친하게 지낸다고 해서 그 고양이가 다른 쥐를 공격하지 않는다는 보장은 없습니다. 친한 쥐와 같은 색, 같은 크기의 쥐를 공격할 가능성은 적어지지만 절대로 공격하지 않는다고는 할 수 없습니다. 무언가가 쪼르르 움직이면 자신도 모르게 반사적으로 잡고 싶어지는 것이 고양이의 본능이며, 만약 친하게 지내던 쥐가 죽어버린다고 해도 시험 삼아 새로운 쥐를 들이는 것은 피하도록 하는 것이 좋습니다.

개하고만 길러지면 일명 '개냥이 화' 된다

사냥의 대상이 되는 크기는 아니지만 새끼 고양이 때부터 기니피그, 토끼, 강아지 등과 함께 자라면 동료라고 생각하여 두터운 우정을 나누기도 합니다. 물론 이 시기에 다양한 타입의 사람이나 다른 동물과 접촉할 기회를 가지는 것이 좋습니다. 하지만 정신적으로 안정되어 사람을 따르는 고양이로 키우기 위해서는 최소 생후 8주(이상적으로는 12주)까지 어미 고양이나 형제 고양이와 충분히 함께 지내는 것이 중요합니다.

　이런 예도 있습니다. 태어나서 한번도 다른 고양이와 접촉하지 않고 강아지 무리하고 함께 자란 고양이는 성묘가 되어도 다른 고양이를 보면 받아들이지 못하고 패닉 상태가 됩니다. 그리고 항상 같이 지내는 동료 강아지가 없으면 안심하지 못하는, 즉 '개 (개냥이)'로 길러지게 됩니다. 한편 새끼 고양이와 강아지 두 무리와 함께 자란 고양이는 **강아지와도 친하게 지낼 수 있지만 자연스럽게 강아지보다도 고양이를 자신의 동료라고 인식하여 고양이로서 길러지게 됩니다.**

사회화 시기에 어미 고양이나 형제 고양이와 충분히 접촉하면 고양이로서 살아가는 것을 배운다. 하지만 이 시기에 다른 동물과 우호적인 관계를 맺어 두면 그 동물을 사냥감으로 생각하지 않는 고양이도 있다.

왜 하루에 조금씩 여러 번 밥을 먹는 걸까?

야생에서 살아가는 고양이는 하루 중 사냥감을 찾아서 잡아 먹는데 약 3시간 반을 소비하고 평균적으로 밤낮을 가리지 않고 하루에 10~15번 정도 사냥감을 잡습니다. 평균적으로 성묘가 하루에 필요한 에너지를 조달하기 위해서는 **작은 쥐를 하루에 12마리 정도는 먹어야 한다는 계산**이 나옵니다. 이렇게 보면 실내에서 기르는 고양이가 조금씩 먹이를 먹으려고 하는 것도 신기한 일이 아닙니다.

한번에 많이 먹을 필요가 없는 고양이의 위는, 강아지와 비교하면 몸 크기에 비해서 비교적 작아서 작은 쥐를 한 마리 먹으면 딱 배가 부를 정도의 크기입니다. 순수 육식 동물처럼 위산(염산)이나 소화효소(위산에 따라 활성화된다)를 포함한 고양이의 위액은 농축되어 있습니다. 이처럼 강한 위산은 감염증의 원인인 생고기의 세균을 죽이는 방위 시스템으로서의 역할을 맡고 있습니다.

고양이는 고깃덩어리 등을 먹을 때 머리를 기울여서 크게 흔들며 '아웅아웅' 하는 소리를 내며 먹습니다. 이것은 고깃덩어리를 좌우 한쪽 어금니로 물어뜯으며 남은 부분을 흔들어 떨어뜨리면서 먹기 때문입니다. 그리고 적당한 크기로 뜯어진 고기를 별로 씹지 않고 그대로 삼켜버립니다. 음식물의 소화가 구강 내에서 이루어지는 사람과는 달리 고양이는 **소화가 위에서 시작**하기 때문에 걱정하지 않아도 됩니다.

그 영향 때문인지 고깃덩어리를 먹은 적 없는 집고양이라도 습식사료를 입안 가득 밀어 넣거나 건식사료를 '아그작아그작'하며 씹을 때에 머리를 비스듬하게 해서 흔들면서 먹기도 합니다. 마치 '맛있어 맛있어'라고 말하며 고개를 끄덕이면서 먹는 것처럼 보입니다.

그러나 밥을 먹을 때 막상 먹으려고 할 때 머리를 흔들거나, 치아에 무언가 낀 것처럼 입을 우물거리거나, 머리를 어느 한쪽으로 기울여서 먹고 있는 듯한 경우에는 구내염이나 치주질환(치은염, 치주염) 등의 신호이기도 합니다. 특히 구취가 난다면 가능한 한 빨리 수의사에게 진료를 받는 것이 좋습니다.

고양이는 원래 어금니로 고기를 물어뜯은 뒤 대부분 그대로 삼킨다.

반려묘에게 하루에 몇 번 먹이를 주는 것이 좋을까?

사냥감을 잡아서 스스로 살아가는 고양이가 하루에 열 번 이상 먹는다고 생각하면, 반려묘에게도 하루 식사량을 한번에 주지 않고 **몇 번에 나눠서 주는 것이 이상적**입니다.

그렇다고는 하지만 하루에 열 번이나 먹이를 주는 것은 현실적이지 않기 때문에 고양이의 연령(라이프 스테이지)이나 활동량에 맞춰서 필요한 에너지량, 컨디션, 식욕, 집사의 생활리듬을 고려하여 식사 시간과 횟수(하루에 2~4번)를 정하는 것이 좋습니다. 새끼 고양이나 노령 고양이의 소화를 도와주기 위해서라도 되도록 **한번에 조금씩 식사를 주면서 횟수는 늘리도록 합니다.**

일단 식사 시간을 정하면 **매일 같은 시간에 주는 것이 이상적**입니다. 시간을 정하지 않고 건식사료를 하루 종일 내놓아 두는 것은 바쁜 집사에게는 편리하며 고양이는 항상 먹고 싶을 때 조금씩 먹을 수 있기 때문에 이상적이라고 생각할 수 있습니다. 그러나 비위생적인 것뿐만 아니라 고양이가 과식하는 습관이 생겨서 비만의 원인이 되기도 합니다.

식사를 내놓고 30분 정도 지나도 먹지 않는다면 밥그릇을 일단 치우고 1~2시간 지나서 한 번 더 내놓습니다. 고양이를 많이 키우는 경우는 고양이 수만큼 밥그릇을 준비하고 식욕이 왕성한 고양이가 빨리 먹거나 옆에서 뺏으면 조금 떨어진 장소나 살찐 고양이가 올라갈 수 없는 높은 장소, 케이지 등에서 먹이를 주는 등의 조치를 취해주는 것이 좋습니다.

집사가 자신의 식사를 준비해 주는 시간은 사냥감을 잡을 필요가 없는 고양이에게 있어서 가장 즐겁고 두근두근 거리는 순간입니다. 실제로 집사와 유대가 강한 고양이는 먹을 때 집사가 가까이 있어 주면 안심하기 때문에 식욕이 좋아진다는 보고도 있을 정도입니다. 이를 위해 최소 하루에 2번은 정기적으로 먹이를 주고 먹는 모습을 보는 시간을 만들어 주는 것이 좋습니다.

평상시에 고양이가 먹이를 먹는 법이나 먹는 양을 관찰해두면, 갑자기 먹는 방식이 달라지거나 식욕이 있는지 없는지를 바로 알 수 있어서 질병을 빨리 발견할 수 있습니다.

고양이는 자유롭게 밥을 먹을 수 있는 상태라면 하루에 소량을 10번 이상 먹는다. 먹이는 집고양이에게 있어서 가장 즐겁고 두근두근거리는 시간이다. 언제나 도도한 태도를 보이는 고양이도 이 순간만큼은 아양을 떨기 때문에 집사에게는 아주 즐거운 시간이다.

밥을 빨리 먹는 고양이나 먹이를 빼앗는 고양이가 있을 경우는 조금 떨어진 장소나 살찐 고양이가 올라가지 못하는 높은 위치에 밥그릇을 설치한다. 바구니나 박스 등을 이용해도 좋다.

고양이는 어떤 맛을 느낄 수 있을까?

사냥감을 잡아서 먹는 고양이는 아무리 배가 고파도 긴 시간 햇빛에 노출되어 부패된 쥐는 먹지 않습니다. 고양이는 **신맛, 쓴맛, 감칠맛, 짠맛에 반응하고 단맛은 거의 느끼지 못한다**고 추측됩니다. 육식성인 고양이에게는 탄수화물이 포함된 단맛보다 단백질을 구성하는 아미노산의 감칠맛이 충분히 포함되어 있는지가 중요합니다. 또 부패한 고기나 독의 신맛이나 쓴맛을 감지하는 것이 매우 중요하기 때문입니다.

맛을 감지하는 세포가 모인 미뢰라고 불리는 미각수용기는 사람의 혀 위에 약 9천개가 존재합니다. 그런데 고양이의 혀 위에는 약 5백개밖에 없지요. 그럼에도 불구하고 사람보다 후각이 발달한 고양이는 냄새를 맡는 것만으로 음식물에 대한 다양한 정보를 얻을 수 있습니다. 이 때문에 먹고 싶지 않은 것은 입에 대지도 않고 콧방귀를 끼는 경우도 있습니다. 또 맛뿐만 아니라 혀가 닿았을 때 온도나 식감도 통틀어서 먹을지 말지를 판단합니다.

고양이는 단맛을 전혀 느끼지 못한다?

고양이는 설탕을 넣은 물과 넣지 않은 물을 구별할 수 없기 때문에 대부분의 포유류와 달리 설탕의 맛, 즉 단맛을 느낄 수 없다고 추측해왔습니다. 그러나 소량의 소금을 넣은 물에 설탕을 넣은 것과 넣지 않은 물을 놓아 두면 설탕을 넣은 물을 택한다는 연구 결과도 있습니다. 그렇기 때문에 **단맛을 아예 느끼지 못하는 것은 아닙니다.**

고양이는 사람에게는 맛이 느껴지지 않는 물의 맛을 예리하게 감지할 수 있습니다. 그래서 고양이에게 있어서 별로 중요하지 않은, 물에 녹은 설탕 맛을 단순히 무시해버리는 것이라고 추측하고 있습니다.

실제로 아이스크림이나 케이크, 과자, 빵 등을 보면 달려들기 때문에 '단맛을 느끼는 것은 아닌가' 하는 생각이 드는 고양이도 많습니다. 물론 단맛이 아니라 버터나 크림 등에 들어있는 지방의 맛이나 식감에 대한 반응이거나 습관화에 따른 학습적 요인도 큽니다.

최근에는 고양이가 단맛을 느끼지 못하는 것이 고양이의 미뢰에서 단맛을 느끼는 수용체를 만들어내는 유전자의 일부가 작동하지 않기 때문이라는 흥미로운 연구 보고도 있습니다. 하지만 고양이의 미각은 아직 수수께끼로 둘러싸여 있습니다.

고양이는 신맛이나 쓴맛에는 민감하게 반응하지만 단맛에는 둔감하다. 고기(단백질)의 감칠맛에는 조금 까다롭다.

왜 살찐 고양이가 늘어나는 걸까?

고양이는 강아지에 비해서 먹을 것에 대한 호불호가 확실히 갈리고 적당한 양을 알아서 판단하여 과식하지 않을 것 같은 이미지가 있습니다. 실제로 고양이는 필요한 에너지를 어느 정도 스스로 관리하는 능력을 가지고 있다고 합니다.

고양이의 에너지원이 되는 주요 영양소(단백질, 지방, 탄수화물)의 함유량이 다른 음식을 다양한 조건하에 자유롭게 선택하게 하면, 탄수화물의 섭취량을 제한하고 필요한 에너지를 가능한 한 단백질, **다음으로 지방부터 섭취하고 영양소의 섭취량 그리고 에너지량을 본능적으로 조정하고 있다**는 연구 결과도 있습니다. (월섬 연구소)

그럼 최근에는 어째서 비만인 집고양이가 늘어나는 걸까요? 이것은 사람의 비만과 마찬가지로 **과식**(과도한 에너지 섭취)과 **운동부족**(불충분한 에너지 소비)이 원인이 됩니다. 고양이의 필요에너지를 고려하지 않고 그 이상으로 간식이나 먹이를 주면 고양이가 살쪄도 어쩔 수 없습니다. 사냥을 할 필요가 없어서 운동량이 적은 반려묘가 쥐보다도 맛있는 고양이 사료를 원하는 만큼 받는다면 무의식 중에 많이 먹게 되는 건 당연한 일입니다.

또 몇 가지 종류의 고양이 사료를 섞어서 주거나 자주 사료를 바꾸면 필요 에너지를 스스로 관리하는 능력이 쇠퇴하는 경향이 있다고 합니다. 가족 중 한명이 돌아오면 배가 고프다는 듯이 '불쌍한 소리'를 내서 몇 번씩이나 간식을 얻어먹는 '연기파 고양이'나 이웃에게 몰래 먹이를 얻어먹는 '약삭빠른 고양이'도 있지요.

신체충실지수(BCS, Body Condition Score)를 체크하자

비만은 여러 가지 병의 원인이 됩니다. 평상시에 고양이의 연령이나 체중, 운동량에 맞춰서 필요 에너지량에 맞는 적정량의 먹이를 주는 것이 중요합니다. 고양이 사료에 '체중 1kg당 급여량 기준'이 표시되어 있는 경우가 있습니다. 하지만 살이 찐 고양이에게 표시량만큼 준다면 비만도가 더욱 높아질 것입니다.

또한 고양이가 이상적인 체형인지 판단하는 기준이 있습니다. 고양이의 **신체충실지수**라고 하는 것인데, 이것을 바탕으로 고양이가 이상적인 체형인지 체크 해 보도록 합시다.

- 갈비뼈가 만져진다
- 위에서 허리의 잘록한 부분이 보이는가
- 배에 지방이 붙어있는가

이 세 가지의 평가는 포인트가 됩니다. 정기적으로 (최소한 한 달에 1~2번) 고양이의 체중을 재어 정상체중, 정상체형을 유지하는 것이 고양이의 장수와 이어집니다. 단 그 고양이의 이상적인 체중은 한 살부터 한 살 반 때의 체중을 기준으로 잡습니다.

고양이의 신체충실지수

고양이의 신체충실지수(1~9)는 세계소동물수의사회(WOAVA : World Samall Animal Veterinary Association)가 고안한 고양이의 체형을 평가하는 가이드라인입니다. 이상적인 고양이의 체형이 5로, 1에 가까울수록 너무 마른 것이고 9에 가까울수록 너무 살찐 것입니다.

🐾 고양이의 신체충실지수

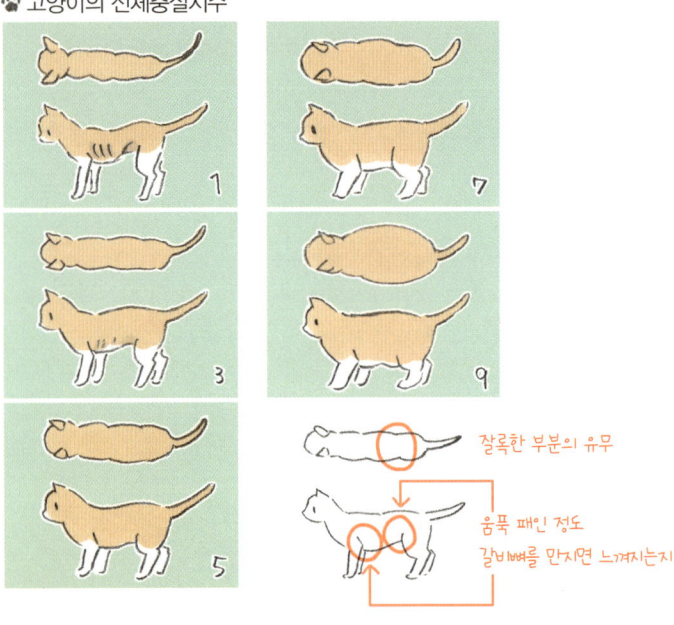

1	깡마름 (정상체중의 약 60%)	갈비뼈가 보이며(단모종), 요추나 골반의 일부인 엉덩이뼈도 쉽게 만져진다. 체지방은 느껴지지 않고 복부가 현저하게 움푹 들어갔다.
3	조금 마름 (정상체중의 약 80%)	갈비뼈는 아주 얇은 지방에 둘러싸여 쉽게 만져지고, 요추도 쉽게 만져진다. 갈비뼈 뒤에 확실히 허리의 잘록한 부분이 있고 복부에는 지방이 약간 있다.
5	정상적인 체형 (정상체중)	균형이 잡힌 체형. 갈비뼈는 얇은 지방으로 둘러싸여 만질 수 있고 갈비뼈 뒤에 허리의 잘록한 부분이 있다. 복부에는 얇은 지방층이 있다.
7	조금 살찜 (정상체중의 약 120%)	갈비뼈에 중간 정도의 지방이 붙어 있고 잘 만져지지 않는다. 허리의 잘록한 부분은 거의 없고 복부는 둥그스름하게 중간 정도의 지방층으로 둘러싸여 있다.
9	매우 살찜 (정상체중의 약 140%)	갈비뼈에 두터운 지방이 붙어 있고 만질 수 없다. 요추부, 얼굴, 사지에 지방이 꽤 붙어있다. 복부는 팽창되어 과도한 지방층으로 둘러 싸여 있고 허리의 잘록함은 전혀 찾아볼 수 없다.

🐾 고양이의 체중 재는 법

1	고양이를 안고 체중을 잰 뒤 자신의 체중을 뺀다.
2	안는 것이 힘든 고양이는 평상시에 방안에 놓여져 있던 가방이나 작은 상자, 종이 가방 등에 고양이가 들어가는 순간을 노려 그대로 체중계에 올린 뒤 들어가 있던 것의 무게를 뺀다.
3	체중계가 집에 없으면 (봉투에 들어가 있는 것을 좋아하여 가만히 있는 고양이라면) 매다는 전자 저울을 추천한다. 자리를 차지하지 않고 저렴하게 구입할 수 있다.
4	집에 있는 체중계, 아기용 체중계(베이비 스케일), 반려동물용 체중계를 이용하여 장난감이나 간식으로 유도하면서 잰다.

안아서 재보자

집사가 고양이를 안고 체중을 잰 뒤 그 값에서 자신의 몸무게를 뺀다.

종이 가방에 넣어서 잰 뒤 그 값에서 빈 종이 가방 무게를 뺀다.

매다는 전자 저울로 잰다.

※ 최소한 월 1~2번은 체중을 같은 시간대에 재서 바로 기록해둔다.

고양이는 하루에 어느 정도의 에너지가 필요할까?

그럼 고양이는 하루에 어느 정도의 에너지를 필요로 할까요? 고양이 사료에는 급여 방법(하루 급여 기준)이나 100g당 칼로리(대사 에너지)가 표시되어 있습니다. 하지만 고양이의 에너지 필요량은 같은 체중의 고양이라도 개체차가 존재합니다. 연령(라이프 스테이지), 성별, 건강상태, 체형, 활동량, 중성화 수술여부 등에 따라 차이가 납니다.

활동량은 고양이 품종이나 생활 스타일(실내 생활, 자유로운 바깥 출입, 여러 마리와 함께 생활 등)에 크게 좌우됩니다. 또 중성화 수술을 한 고양이는 그렇지 않은 고양이에 비해서 25~35%나 필요 에너지량이 줄어든다는 보고도 있습니다. 이제까지와 같은 칼로리의 먹이를 주는 것은 비만의 근원이 됩니다. 고양이의 **1일 에너지 필요량(DER)은 간단하게 계산 할 수 있기** 때문에 기준으로 삼기 위해 알아두면 편리합니다.

일단은 70×체중의 0.75승으로 표시된 안정시 에너지 필요량(RER)을 계산합니다. 이 RER을 바탕으로 1일 에너지 필요량(DER)을 DER=계수×RER 이라는 식에 따라 계산합니다. 자주 사용하는 계수는 다음 쪽에 있습니다. 중성화 수술을 하고, 체중이 3kg인 건강한 정상체형의 성묘를 예로 들어 계산해 보면 1일 필요 에너지량(DER)은 아래와 같습니다.

1일 에너지 필요량(DER)
= 1.2 X (70 X 3$^{0.75}$) ≒ 192㎉

마찬가지로 체중이 4kg이라면 238㎉, 5kg이라면 281㎉, 6kg이라면 322㎉가 됩니다. 단순하게 체중 6kg의 고양이는 체중 3kg의 고양이의 에너지량 두 배가 필요한 것은 아닙니다. 표기된 급여량이 실제로 고양이가 필요한 양보다 많이 표시되어 있는 경우도 있습니다. 그 때문에 고양이 사료에 100g당 대사 에너지가 칼로리로 표시되어 있다면 1일 급여량을 계산해야 합니다.

예를 들면 '100g당 대사 에너지 350㎉'라고 표시되어 있는 건식사료라면 중성화한 체중 4kg의 고양이가 필요한 양은 하루에 68g이 됩니다. 급여할 먹이의 양은 한번은 무게를 재 둔 다음에 컵 등에 표시해두면 매일 무게를 재서 주는 수고를 덜 수 있습니다. 이렇게 계산하는 것이 귀찮다고 생각하는 사람을 위해서 고양이의 칼로리를 계산해 주는 친절한 웹사이트도 있으니 이용해 보는 것도 좋습니다.

🐾 1일 에너지 필요량(DER) 구하는 법

> DER = 계수 × RER
> RER = 70 × 체중 $(kg)^{0.75}$
> RER : 안정시 에너지 필요량

같은 체중의 고양이라도 하루에 필요한 에너지양은 다양한 요소에 의해 달라집니다. 또한 1일 에너지 필요량(DER)은 유지 에너지 필요량(MER)으로 표시되어 있는 경우도 있습니다.

🐾 계수

> 성장기 고양이 -〉 2.5
> 중성화하지 않은 고양이 -〉 1.4~1.6
> 중성화한 고양이 -〉 1.2
> 운동량이 적음 / 비만 경향이 성묘 -〉 1.0
> 비만 성묘 -〉 0.8

급여량을 계량 컵으로 재서 하루 필요량을 2~3회에 나눠 준다.

어떤 먹이를 주는 것이 제일 좋을까?

고양이 먹이에 대해 살펴보도록 합시다. 최근에는 많은 정보를 손쉽게 입수할 수 있고 전문가 사이에서도 '건식사료만 주는 것은 좋지 않다', '고양이는 원래 육식동물이기 때문에 고기만 줘야 한다' 등 의견이 분분해서 고양이를 키우는 사람들을 혼란스럽게 만듭니다. 어떤 사료에도 장점과 단점이 있기 때문에 각각 좋은 점을 임기응변으로 잘 이용하면 이상적일 것입니다.

기본적으로는 **너무 한 종류의 먹이만 고집하지 않고 영양 균형이 잡힌 종합 영양식이라고도 불리는 시판 고양이 사료를 메인**으로 합니다. 주에 몇 번 정도는 사료의 양을 좀 줄이고 고기(생 돼지고기를 제외하고*)나 생선 등의 신선한 식재료(20% 이내로)를 더해도 좋습니다. 시간과 흥미가 있는 사람은 고양이 영양학 지식을 알아보고 때때로 수제 먹이를 주어도 좋겠지요.

그렇게 하면서 **고양이에게 주어도 안전한 식재료인지 확인**해야 합니다. 예를 들어 파, 양파, 마늘, 아보카도, 건포도, 포도, 카카오 등은 사람에게는 안전한 식재료이지만 고양이에게는 유해하기 때문입니다.

장기간에 걸쳐서 수제 사료만 줄 경우에는 필요한 에너지량과 영양 균형을 확인해야 합니다. 영양소는 부족해도, 과도해도 건강을 해칠 우려가 있기 때문입니다. 예를 들면 필수 아미노산인 타우린이 부족하게 되면 눈 장애(망막 변성), 심장질환(확장형심근증), 번식장애(유산, 사산 등)를 초래하기 때문입니다. 간 등을 매일 주면 비타민 A를 과도하게 섭취하게 되어 간기능장애나 관절강직증의 원인이 됩니다.

※ 돼지 헤르페스 바이러스가 원인인 오제스키병에 감염된 생 돼지고기를 고양이가 먹으면 사망에 이르게 된다.

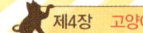

균형 잡힌 수제 사료만 줄 경우에도 고양이를 반려동물 호텔이나 친구 집에 잠시 맡기거나, 병으로 요양식을 먹여야 하게 되거나, 또는 화재 등으로 비상시에만 먹는 고양이 사료 밖에 줄 수 없을 때 등도 고려하여 시판 고양이 사료도 함께 먹이도록 하는 것이 좋습니다.

🐾 각 먹이의 장점과 단점

	장점	단점
건식사료	• 영양 균형이 잘 잡혀 있고 보존도 용이하다. 가격도 적당하다 • 뼈를 깨물어 먹는 듯한 적당한 경도로 고양이가 선호한다 • 부재 시에는 자동급여기를 이용할 수 있어 편리하다	• 수분 함유량이 적고 물을 잘 먹지 않는 고양이는 수분이 부족하기 쉽다 • 탄수화물을 많이 함유한다 • 에너지 밀도가 높아서 살찌기 쉽다 • 첨가물을 함유한다
습식사료	• 자연식과 보다 가까운 영양 균형으로 수분도 충분히 함유되어 있다 • 냄새가 강하고 고기 같은 식감의 상품도 있어서 고양이에게 사랑 받기 쉽다	• 한번 열면 다시 보존하기 힘들다 • 플라크나 치석이 생기기 쉽다 • 첨가물을 함유한다 • 건식사료에 비해서 비싸다
수제 (가열)	• 신선한 식재료를 선택해서 조리 방법에 따라 고양이의 기호(맛, 습도, 식감)에 맞추는 것이 가능하고 식생활에도 변화가 생깁니다	• 고양이에게 유해한 식재료를 사용하거나 영양 균형이 한쪽으로 치우칠(특히 비타민이나 미네랄 부족) 우려가 있어서 어느 정도 고양이 영양학 지식을 필요로 한다 • 손이 많이 간다
생육, 생선 (돼지고기 제외※)	• 고양이 본래의 생리기능에 맞고, 소화·흡수가 좋으고 고양이의 식생활을 충족시킨다 • 플라크나 치석이 잘 생기지 않는다	• 생고기나 생선은 신선도와 위생에 주의를 하지 않으면 전염병(예를 들어 살모넬라, 톡소플라즈마, 기생충 등)에 감염될 위험성이 있다

각 먹이의 장점과 단점. 어떤 먹이에도 메리트와 디메리트가 있기 때문에 한쪽으로 치우치지 않는 게 중요하다.

쥐의 몸에는 수분이 약 70~75%, 단백질이 12~19%, 지방이 7~12%, 미네랄이 1~4%, 탄수화물이 1~2% 함유되어 있다고 한다.

시판 고양이 사료를 고를 때 포인트는 무엇일까?

고양이 사료를 고를 때의 포인트는 먹이의 영양가, 안전성, 기호성입니다. 고양이가 필요로 하는 영양소(물, 단백질, 지방, 탄수화물, 미네랄, 비타민)가 균형 있게 잘 배합된 것이 중요합니다.

특히 고양이의 몸이 가장 필요로 하는 영양소인 단백질, 지방에 주의하여 소화와 흡수가 용이한 **양질의 단백질이 풍부히 함유된 고양이 사료**를 주도록 합시다. 고양이가 체내에서 합성할 수 없는 필수 아미노산(타우린, 아르기닌 등)이나 필수 지방산(아라키돈산 등)은 고양이의 건강 유지에 빠져서는 안되는 것이기 때문입니다. 고가의 고양이 사료가 반드시 좋다고는 할 수 없습니다. 그러나 너무 가격이 싼 것은 다량의 곡물(옥수수, 밀가루 등)이나 고기의 부산물이 함유되어 있는 것이 많아서 가급적 피하는 것이 좋습니다.

원재료 명은 사용량이 많은 순서대로 기재되어 있습니다. 개인적인 의견으로는 라벨에 기재되어 있는 원재료 명을 확인하여 제일 첫 번째 원재료가 곡물이 아닌 동물성 단백질인지, 그리고 어떤 고기나 생선인지(소고기, 닭고기, 칠면조, 참치 등)가 확실히 기재 되어 있으면 안심할 수 있다고 생각합니다.

또한 대변의 상태가 먹이의 소화 흡수율의 기준이 됩니다. 소화와 흡수가 좋은 고품질의 먹이를 먹고 있는 고양이의 대변은 알맞은 경도로 크기가 작습니다. 먹이의 소화 흡수율이 나쁠수록 대변의 양이 많아집니다.

보존료(산화방지제)나 합성착색료 등의 첨가물 표시에 주의하여 안전한 사료를 고르는 것이 중요합니다. 글자가 작아서 보기 힘들지만 사랑하는 고양이를 위해서 고양이 사료의 라벨을 한번 꼼꼼히 보고 필

수 사항이 확실히 표시되어 있는지 확인합시다.

함유량은 건조중량으로 환산하여 판단한다

고양이 사료는 수분 함유량에 따라 건식사료(수분 10% 전후), 반생사료, 습식사료(수분70~80%) 등으로 분류됩니다. 포장지의 표시를 보고 건식사료가 단백질의 함유량이 많다고 오해하는 경우가 있습니다. 하지만 습식사료와 건식사료는 수분 함유량이 다르므로 **단백질 함유량을 비교할 때는 수분을 뺀 건조중량으로 환산**해야 합니다.

일반적으로 고양이 사료의 라벨에는 조단백질, 조지방, 조섬유질, 조회분, 수분 등의 중량비가 %(퍼센트)로 성분표시 되어 있습니다.

🐾 라벨 기재 항목의 체크포인트

1	강아지 사료인지 고양이 사료인지 알 수 있도록 표시
2	반려동물 먹이의 목적(종합영양식, 간식 등)
3	내용물
4	급여 방법(하루나 한끼 급여량 기준)
5	제조년월 또는 유통기한
6	성분(조단백질, 조지방, 조섬유질, 조회분, 수분의 중량비를 %로 표시. 100g당 에너지양이 표시 되어 있을 것)
7	원재료명(주 원재료를 많이 들어간 것부터 기재)
8	원산국명
9	사업자 이름, 주소

고양이 사료를 고를 때의 포인트는 영양가, 안정성, 기호성. 라벨에 'AAFCO(미국사료검사관협회) 급여 기준을 통과함'이라고 적혀 있다면 사람의 식품에 대한 규제와 같은 수준의 심사를 합격한 것이기 때문에 안심할 수 있는 기준이 된다.

예를 들어 습식사료 100g의 성분표시에 수분 80%(=건조중량20%), 조단백질 10%라고 되어 있는 한편 건식사료 100g의 성분표시에 수분 10%(=건조중량90%), 조단백질 30%라고 표시되어 있다고 합시다. 수분을 제외한 건조중량을 100%로 조단백질 양을 계산해보면 각각 50%(습식사료), 33%(건식사료)가 되며 건조중량당 단백질 함유량은 습식사료 쪽이 많습니다.

덧붙여서 미국사료검사관협회(AAFCO)가 발표한 'Cat Food Nutrient Profiles' 리스트에서는 성묘에게 필요한(건조중량당) 단백질 함유량, 지방 함유량은 최소한 각각 26%, 9%로 나와있습니다.

원재료명
닭고기(치킨, 칠면조), 옥수수, 쌀, 콘글루텐, 셀룰로오스, 치킨엑기스, 동물성유지, 식물성유지, 밀, 미네랄류(칼슘, 나트륨, 칼륨, 클로라이드, 동, 철, 망간, 아연, 황, 요오드), 비타민류(A, B1, B2, B6, B12, C, D3, E, 베타카로틴, 나이아신, 판토텐산, 엽산, 비오틴, 콜린), 아미노산류(타우린, 메티오닌), 카르니틴, 산화방지제(믹스토코페롤, 로즈마리 추출물, 녹차추출물)

성분			
보증분석치			
조단백질	29.0% 이상	인	0.40% 이상
조지방	6.0%이상~10.0%이하	마그네슘	0.085% 이상
조섬유질	8.5% 이하	타우린	0.10% 이상
조회분	7.0% 이하	카르니틴	300mg/kg 이상
수분	10.0% 이하	비타민 E	550IU/kg 이상
칼슘	0.60% 이하	비타민 C	70mg/kg 이상

어느 건식사료의 성분표. 단백질은 29% 이상, 수분은 19% 이하이며 단백질 함유량은 29÷90≒32% 이상인 것을 알 수 있다.

고령 고양이의 먹이는 어떤 점을 신경 써야 할까?

성장기가 끝난 동물이 일상적인 활동을 하면서 체중을 유지하기 위해 필요한 에너지량은 **유지 에너지 필요량(MER)**이라고 합니다. 유지 에너지 필요량은 사람이나 강아지의 경우 연령과 함께 기초대사나 활동량이 저하되어 줄어듭니다.

한편 고양이는 연령과 함께 줄어드는 유지 에너지 필요량이, 활동량이 늘어난 것도 아닌데 고령기에 접어드는 11살부터 조금씩 늘어간다는 흥미로운 연구 결과가 있습니다. 원래 빈둥빈둥 자면서 보내는 시간이 긴 고양이는 고령이 되어도 그만큼 현저하게 활동량이 저하되지는 않는데도 왜 유지 에너지 필요량이 늘어나는 것일까요?

사람이나 강아지와 달리 순수한 육식동물인 고양이는 단백질이나 지방을 에너지원으로서 효율적으로 이용할 수 있습니다. 이 때문에 고양이 사료를 먹으며 사는 고양이라도 55% 이상(자연계에서 사냥감을 잡아 스스로 생활하는 고양이라면 90% 이상)의 에너지원을 단백질과 지방으로 섭취합니다.

그러나 고양이가 고령기에 접어들면 이런 영양소(특히 지방)의 소화율이 현저히 낮아지는 것으로 밝혀졌으며, 그래서 **에너지의 부족을 채우기 위해 유지 에너지 필요량이 늘어나는 것은 아닐까**라고 추측합니다.

에너지 필요량이 늘어나는데 이제까지와 같은 에너지양을 섭취한다면 체중 감소로 이어지겠지요. 내장 기능의 저하나 후각, 미각의 쇠퇴에 따른 식욕의 저하가 더욱 체중 감소에 박차를 가하게 됩니다. 물론 고령기에 접어들면 식욕부진이나 체중 감소는 어떤 병(특히 만성신장병, 내분비계 질환, 치주 질환 등)의 신호인 것도 적지 않습니다. 이 때문에 반려묘가 중년이 되면 집사는 평상시에 더욱 면밀히 관찰해야 하며 동물 병원에서 정기 검진은 필수입니다.

고령 고양이용 먹이는 어떤 먹이일까?

고령 고양이의 건강을 위해서 '~살부터', '시니어 고양이용', '고령 고양이용' 등으로 표시 되어 있는 고양이 사료(종합 영양식)가 있습니다. 하지만 이런 표시에는 특별한 규정이 없어서 성묘용 종합영양식의 기준을 충족한 사료가 됩니다.

노령 고양이용 종합영양식은 각각 펫푸드 회사에서 노령 고양이의 체질 변화를 고려하여 독자적인 연구를 거친 사료를 개발, 제품화하고 있습니다. 예를 들면 건식사료라면 입자를 작게 해서 먹기 좋게 하거나 필요영양소의 소화흡수가 잘 되도록 배합한 사료를 만들고 있습니다.

🐾 고양이 연령과 체중 1kg당 유지에너지 필요량의 관계

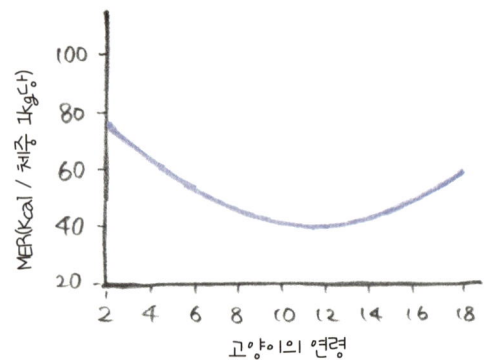

11살을 넘으면 유지에너지 필요량이 다시 올라간다. 그러나 고령 고양이의 영양학에 대해서는 아직 알 수 없는 부분이 많다.

제4장 고양이 행동의 비밀을 파헤쳐보자

또한 신장과 심장에 부담을 주지 않도록 미네랄(인, 나트륨 등)의 양을, 또 고양이의 연령이나 체형에 맞춘 단백질, 지방, 탄수화물의 배합을 조정하거나 장내세균의 균형을 유지하는 성분을 배합하고 있습니다.

더욱이 눈과 심장의 건강 유지에 가장 중요한 타우린, 체내의 활성산소를 제거하여 면역력을 높이는 항산화물질(비타민 C, 비타민 E, 베타칼로틴)이나 염증억제효과가 있는 필수지방산(오메가 3 지방산)을 강화하고 관절의 건강을 유지하기 위해 글루코사민이 배합된 사료도 있습니다.

그러나 실제로(AAFCO에 따른 성묘기의 급여기준을 통과한) 노령 고양이용 사료의 성분을 비교해보면 메이커에 따라 큰 차이가 있다는 것을 알 수 있습니다.

반려묘가 장수하기 위해서라도 이런 먹이를 잘 활용하는 것은 좋다고 생각하지만, 고양이에게도 개체차가 있습니다. 7살 정도부터 노화의 징조가 두드러지게 보이는 고양이도 있는 반면, 12살이 되어도 정상체형을 유지하며 건강하고 생기발랄한 고양이도 있습니다. 칼로리를 억제한 시니어용 고양이 사료는 살찐 고양이에게는 적합할 수 있으나 마른 고양이에게는 칼로리 면에서 적합하지 않습니다.

'~살부터'라는 광고 문구만 보지 말고 먹이의 라벨 기재항목(성분이나 원재료명, 대사 에너지)을 반드시 확인하고 **자신의 고양이에게 맞는 먹이를 선택하는 것이 중요**합니다. 중년기에 접어들어도 건강한 성상제형, 성상제중을 유시하고 고양이가 필요로 하는 영양소를 균형있게 함유한 성묘용 종합영양식을 선호해서 먹고 있다면 꼭 조급하게 노령묘용 먹이로 바꿀 필요는 없습니다.

고양이가 고령이 되고 나서가 아닌 젊고 건강할 때부터 고양이의 체형(신체충실지수)을 체크하고 규칙적으로 체중을 재며 정상체형, 정상체중을 유지하는 것이 고양이의 장수로 이어집니다. 그 때문이라도 고양이의 대략적인 하루 에너지 필요량을 파악하고 체형, 체중에 맞춰 섭취 칼로리(급여량)를 조정하는 것이 좋습니다.

살찐 고양이에게는 저칼로리(저지방, 고단백)의 먹이를 주고, 먹이의 급여 방법도 연구하면(건식사료라면 여기저기에 숨겨놓거나 굴리면 구멍에서 조금씩 나오는 장난감을 사용하는 등) 운동량도 늘어납니다. 고양이가 좋아한다면 건식사료보다도 수분을 많이 함유하고 에너지 밀도가 낮은(종합영양식의) 습식사료가 많이 먹을 수 있어 포만감을 얻을 수 있기 때문에 다이어트에 적합합니다. 단 급격한 다이어트는 몸에 부담을 주기 때문에 서두르지 않고 시간을 가지며 **1주에 1~2% 체중감소를 목표로 하여 섭취 칼로리를 조절** 합시다. 잘 모르겠다면 수의사에게 상담해보는 것도 좋습니다.

한편 입이 짧고 마른 고양이에게는 소량이라도 충분한 에너지를 섭취할 수 있는 고칼로리 먹이를 줍니다. 연령과 함께 소화 기능이나 신장 기능이 쇠퇴하는 것을 고려하여 **소화와 흡수가 용이하고 영양가 높은 단백질을 많이 함유한 먹이를 선택**하는 것이 중요합니다.

고령의 고양이에게 많은 만성신장병의 예방에는 수분을 충분히 섭취하고 인의 섭취량을 제한하는 것이 중요합니다. 체중 감소는 만성신장병을 진행시키는 위험 인자가 된다고 밝혀졌습니다. 저단백의 먹이가 신장에 좋다고 생각할 수 있지만, 신장에 부담을 주지 않으려고 중년기에 접어든 건강한 고양이에게 저단백의 먹이를 주는 것이 신장병 예방에 효과가 있다는 보고는 지금까지 없습니다. 최근 연구에서는 고령기에 접어들면 내장 기능이나 근육의 유지, 저항력을 유지하기 위해서도 소화와 흡수가 용이한 양질의 단백질을 비롯한, 단백질로부터의 에너지량을 늘려야 한다고 합니다.

치아가 빠지거나 치아나 턱의 힘이 약해져서 딱딱한 건식사료를 먹는 게 힘든 고양이에게는 따뜻한 물로 불려서 부드럽게 해주거나 수분이 많은 습식사료를 조금씩 더해서 주도록 합니다. 식욕에 맞게 하루 총량을 몇 회(3회 이상)로 나누면 1회 식사량이 줄기 때문에 내장의 부담이 줄어듭니다. 또한 먹이를 데워 주거나 밥그릇을 코 끝에 가져다 주거나 조금 높은 위치에 두면 먹기 쉬워집니다.

단, 검사를 해서 내장 질환이 있다고 진단 받으면 그 질환에 따라 먹여야 하는 먹이의 성분도 바뀌며 식이요법이 필요하게 됩니다. 반드시 수의사의 진단을 받은 후에 적절한 치료식을 주도록 합니다. 먹이를 바꿀 때는 위장에 부담을 주지 않도록 지금까지 먹던 먹이에 새로운 먹이를 매일 조금씩 (10분의 1정도) 더해서 시간을 두고 바꿉니다.

🐾 노령 고양이의 식사 관리 포인트

1	정상체형, 정상체중을 유지하는 것이 건강 유지로 이어지기 때문에 규칙적인 체중 관리로 필요한 에너지량을 조절한다
2	살찐 고양이에게는 저칼로리 먹이를 준다. 소화를 위해 에너지 소비를 늘리거나 공복 시간을 줄이기 위해 하루 총량을 수회에 걸쳐서 준다. 적절한 운동도 잊지 않도록 한다
3	고양이가 살이 빠지면 고양이가 좋아하고 소화가 잘되는 고칼로리 먹이를 준다(기호성, 소화흡수성, 에너지를 중시)
4	먹이를 조금 데워 주거나 약간 높은 받침대 위에 올려 두는 등 급여 방법을 연구한다
5	물을 충분히 마시는지 체크한다
6	노령 고양이에게 많은 내장 질환(신장·간장 질환)이나 당뇨병 등에 대해서는 수의사의 진단을 기반으로 식이요법을 한다

고양이는 편식이 심할까?

아무리 양질의 고양이 사료를 주어도 고양이가 먹지 않는다면 방법이 없습니다. 영양가, 안전성에 더해서 고양이의 기호성에 맞춘 먹이를 고르는 것이 중요합니다. 호불호의 결정적 요소가 되는 것은 **동물성 단백질(아미노산)과 지방의 맛**입니다.

그러나 여러 마리의 고양이를 키우시는 분이라면 잘 알겠지만 생선 냄새가 조금이라도 나면 뛰어오는 고양이, 생선을 쳐다보지도 않고 건식사료를 '아작아작' 하며 맛있게 먹는 고양이, 심지어 그 중에서는 오이나 배추 등을 맛있게 우적우적 베어먹는 고양이 등 기호성에는 한 마리 한 마리의 개성이 존재합니다.

우리들이 어린 시절부터 익숙하게 먹은 식품을 맛있다고 느끼는 것처럼 고양이도 어릴 때 먹은 어미 고양이의 모유(어미 고양이가 먹던 것)나 모유를 떼고나서 6개월 까지 먹던 맛에 크게 영향을 받습니다. 12개월 정도까지는 먹는 것에 대해 기호가 확실히 정해집니다. 이 시기에 다양한 음식을 먹으면 새로운 음식에도 적극적으로 도전할 수 있게 되고 반대로 같은 음식만 먹으면 그 이외에는 입에도 대지 않는 편식 고양이가 될 가능성이 있습니다.

또한 한 번 먹고 설사하거나 복통을 경험하면 고양이는 그것을 먹지 않는 편이 좋다고 학습하게 됩니다. 먹을 것이 나쁜 감정과 연결되면 병이나 통증이 있을 때 먹은 것이 혐오감과 묶여서 입에도 대지 않는 경우도 있습니다.

실제로 여러 가지 맛의 음식을 먹는데 익숙한 고양이에게 지금까지 먹던 고양이 사료와 새로운 고양이 사료 양쪽을 반반씩 주면 대부분의 고양이가 일단 새로운 고양이 사료를 맛본다는 결과도 있습니다. 고양

제4장 고양이 행동의 비밀을 파헤쳐보자

이는 **익숙하게 먹던 것에 집착이 심한 반면 새로운 맛을 끊임없이 추구하는 매우 맛에 까다로운 동물**입니다. 고양이 사료의 종류가 강아지 사료의 종류에 비해 훨씬 많은 이유도 이 때문입니다.

먹이를 자주 바꾸는 것은 금물

고양이가 식이 섭취 칼로리를 대략적으로 파악하고 필요 에너지를 스스로 관리하는 능력을 가지고 있다는 것은 앞서 설명했습니다. 하지만 이 능력은 한 종류의 음식에 대해서 최소한 3~4주는 필요하다는 조사 결과도 있기 때문에 무턱대고 이것저것으로 바꾸면 고양이의 이런 기능에 지장을 주어 편식이나 비만을 야기합니다.

고양이는 별로 배가 고프지 않을 때나 식사가 마음에 들지 않을 때는 혀로 코 위를 스윽 핥는 동작이나 음식을 핥거나 냄새를 맡는 시간이 늘며 반대로 식사에 만족하면 입 주변을 핥는 동작이나 얼굴을 셀프 그루밍 하는 시간이 늘어난다는 보고도 있습니다.

먹는 것에 대한 기호는 생후 6개월 정도까지 정해진다. '조금 부족해……'의 혀 내미는 법(왼쪽)과 '맛있었다'의 혀 내미는 법(오른쪽)의 차이

67

먹이에 입을 대지 않는 것은 맛이 없어서일까?

지금까지 먹던 먹이를 주어도 고양이가 냄새만 맡고 입을 대지 않거나 조금밖에 먹지 않는 경우가 있습니다. 조금 식욕이 떨어져도 평상시대로 활기가 있고 열(평균체온은 38~49도)도 없으며 배뇨, 배변도 변함없다면 당황할 필요는 없습니다.

섬세한 고양이라면 식기가 더러워져 있거나 세제 냄새가 남아 있거나 혹은 손님의 방문, 소음, 길고양이의 출현 등 심리적인 요인으로 인해 식욕이 감소했을지도 모릅니다. 또는 계절(봄부터 여름에 걸쳐서)에 따라 식욕이 감소하기도 합니다. 먹지 않는다고 바로 다른 음식이나 좋아하는 먹이를 주면 고양이는 '먹지 않으면 더 맛있는 것이 나온다'고 학습하여 다른 먹이를 기대하며 먹지 않는 경우도 있습니다.

또 사냥감을 잡아먹는 고양이는 영양 균형이 붕괴되는 것을 방지하기 위해 의도적으로 **같은 사냥감만을 계속해서 먹지 않는 메커니즘이 있다는 설**도 있습니다. 반려묘가 갑자기 지금까지 먹던 먹이를 먹지 않는 것도 이 메커니즘이 작용하여 영양 균형의 치우침을 짐작하고 다른 먹이를 요구하는 것이라고 추측됩니다.

어쨌든 30분 정도 지나도 먹지 않을 때는 일단 먹이를 치우고 1~2시간이 흐른 뒤 다시 한번 주도록 합니다. 그 사이에 10분 정도 고양이 장난감 등으로 놀아주면 기분 전환과 운동이 되어 배가 고프게 될지도 모릅니다. 식기가 더럽혀져 있거나 먹이의 풍미에 문제가 있거나 식사량이 너무 많거나 하는 이유도 있기 때문에 청결한 밥그릇에 저번보다 소량의 먹이를 새로 넣어주도록 합니다.

1시간이 지나도 먹지 않는다면 배가 고프지 않다고 보고 식사를 치웁니다. 1~2회 정도라면 식사를 걸러도 문제는 없습니다. 그러나 다음 식사 시간에도 먹지 않는다면 평상시와 다른 음식을 조금만 주도록 해봅니다.

먹이의 냄새나 온도도 고양이의 식욕에 영향을 줍니다. 언제나 건식사료를 주고 있다면 (냄새를 묻히기 위해) 약간의 습식사료를 토핑해 줍니다. 습식사료라면 후각이 자극되도록 전자레인지에 데워서(38도 전후) 주면 고양이의 식욕이 증폭됩니다. 집사와의 관계가 양호한 고양이라면 발 끝에 음식물을 조금 묻혀서 냄새를 맡게 하여 먹이기도 합니다. 또 밥그릇을 크고 평평한 용기(수염이 닿지 않도록)로 바꿔보거나 조용한 장소에 놓아 두면 먹는 경우도 있습니다.

그러나 아주 좋아하는 음식에도 전혀 눈길을 주지 않거나 하루 종일 전혀 무엇도 먹지 않는다면 질병이나 부상의 가능성이 있기 때문에 상태를 살핀 뒤 경우에 따라서는 수의사에게 데려가도록 합니다.

😺 고양이가 식욕을 잃는 원인

1	편식 (제멋대로)
2	먹이의 냄새가 마음에 안 든다
3	먹이의 온도가 마음에 안 든다
4	식기가 더럽혀져 있다. 식기에 세제냄새가 남아 있다
5	영양 균형에 불만이 있다
6	심리적인 요인(스트레스?)

하루 종일 전혀 무엇도 먹지 않는다면 몸 상태가 좋지 않은 것

왜 우적우적 풀을 씹어 먹는 걸까?

고양이는 볏과의 풀을 먹는 것을 좋아합니다. **식이섬유나 비타민 부족을 보충해주거나 위에 자극을 주어 그루밍할 때에 먹은 털 뭉치를 토해내기 위해서**입니다. 그러나 고양이풀에 대한 고양이의 반응은 제각각으로 사람이 껌을 씹는 것처럼 고양이도 '우적우적'하며 풀을 씹으며 즐기기도 합니다.

영양 균형을 갖춘 먹이를 먹는 집고양이는 식이섬유나 비타민이 부족할 일이 없어서 고양이풀을 반드시 주지 않아도 괜찮습니다. 하지만 고양이가 고양이풀을 좋아한다면 고양이풀 재배 세트 등은 간단히 구매가 가능하기 때문에 스트레스 해소나 기분 전환을 위해 준비해 주는 것도 좋습니다.

고양이에게 유해한 식물은 금물

단 그 중에서는 고양이풀뿐만 아니라 실내에 무심코 둔 꽃가지나 관엽식물을 핥거나 베어먹는 고양이도 있습니다. 그렇게 되면 고양이는 중독 증상을 일으키고 최악의 경우 죽음에 이르기도 하기 때문에 주의하지 않으면 안됩니다. 실내에 식물을 두는 경우는 미리 그 식물이 고양이에게 유해한 것인지 조사해 두는 것이 좋습니다. 그렇지만 고양이가 먹으면 중독 증상을 일으킬 가능성이 있는 식물은 현재 약 400종이나 있다고 합니다.

가장 좋은 방법은 **고양이가 출입하는 방에는 고양이풀 이외의 식물은 두지 않는** 것입니다. 자주 실내를 장식하는 꽃이나 관엽식물 중에서는 수국, 아마릴리스, 알로에, 붓꽃, 시클라멘, 수선화, 은방울꽃, 튤립, 철쭉, 포인세티아, 백합, 스킨답서스, 유카, 고무나무 등이 고양이에게 유해한 식물입니다.

특히 백합과의 식물은 꽃, 꽃가루, 잎, 줄기 등 모든 부분이 고양이에게 유해하며 그중에서는 몸에 묻는 꽃가루를 핥거나 백합이 꽂혀 있는 꽃병의 물을 마시는 것만으로 중독증상을 보이는 고양이도 있습니다. 방에 장식해둔 백합의 꽃잎이나 잎을 조금만 베어먹는 것만으로 급성 신부전부터 죽음에 이르는 케이스도 심심치 않게 보고되고 있기 때문에 주의가 필요합니다.

🐾 고양이풀의 역할

1	식이섬유나 비타민 부족을 보충해준다
2	털뭉치를 토해내게 해준다
3	씹고 즐기는 기호품
4	기분전환

고양이에게 백합은 유해!!

주변에 있는 관엽식물이 고양이에게는 의외로 유해하기도 하다

식물에 흥미를 보이는 고양이에게는 고양이풀을 준비해주는 것이 좋다

왜 수도꼭지에서 떨어지는 물을 마시고 싶어할까?

신선한 물을 놔두었는데도 불구하고 수도꼭지에서 떨어지는 물, 꽃병에 있는 물, 개수통에 담긴 물이나 세면대에 묻은 물을 마시기 좋아하는 고양이가 있습니다. 고양이는 물을 맛보는 감각이 매우 발달되어 있어서 **물의 온도나 맛에 민감하게 반응**합니다.

고양이는 '수돗물의 염소(석회) 냄새를 싫어한다', '물이 너무 차갑다', '물그릇이 더럽다', '세제 냄새가 남아있다'는 등의 이유로 물을 마시지 않는 경우도 있습니다. 물그릇을 뜨거운 물로 잘 세척하거나 너무 차갑지 않은 물, 혹은 한번 끓여서 식힌 물로 바꿔주면 예전보다 물을 더 마신다는 케이스가 늘어나고 있습니다.

또한 조금씩 몇 번에 걸쳐 먹는 습성을 지닌 고양이는 물도 소량(10ml전후)을 하루에 몇 번씩이나(12~16회) 나눠서 먹는 습성이 있습니다.

쥐를 먹는 고양이라면 쥐의 몸에 약 70~75%는 수분으로 이루어져 있기 때문에 그렇게 많은 양의 수분을 섭취할 필요는 없습니다. 그러나 수분이 10% 전후인 건식사료를 먹는 고양이는 수분 섭취를 확실히 하지 않으면 안됩니다. 최소한 건식사료 양의 두 배(건식사료 1g당 물 2ml)의 물을 섭취하는 것을 권장합니다.

물을 잘 마시지 않으면 물그릇의 위치나 소재를 바꿔본다

그렇지만 평상시보다 빈번히 물을 마시거나 소변량이 늘어나면 비뇨기계 질환이나 내분비계 질환(당뇨병 등)의 신호일 수도 있습니다. 단 고양이는 고령이 되면 신장 기능이 저하되기 때문에 젊을 때보다 자주 물을 마시게 됩니다.

물을 잘 마시지 않는 경우에는 조금 시점을 바꿔 물그릇을 밥그릇에서 떨어진 장소나 마룻바닥보다 조금 높은 곳에 여러 개를 설치해 두어도 좋습니다.

물그릇에도 기호가 있는 고양이가 많기 때문에 도기, 유리, 플라스틱, 알루미늄 등 몇 종류를 준비해 두는 것도 좋습니다. 손이 많이 가지만 고양이는 한 마리 한 마리 물에 대한 기호도 다르기 때문에 고양이가 선택하게 하는 것이 가장 좋습니다.

단 **물의 움직임을 재미있어 해서 수도꼭지로 물을 마시는 고양이도 꽤 많다**고 합니다. 이처럼 흐르는 물을 좋아하는 고양이에게는 전원을 넣어 물이 순환하여 졸졸 흐르는, 고양이의 호기심을 자극하는 시판 순환식 급수기를 시도해보는 것도 좋은 방법입니다.

순환식 급수기를 흥미진진하게 보고 있는 고양이도 있다

고양이는 물의 맛에 조금 까다롭다. 물그릇을 몇 군데에 분산하여 놓으면 마음에 드는 곳에서 물을 마시게 할 수 있어서 좋다

고양이와 유체역학의 의외의 관계

고양이가 물을 마시는 법에 관해서 매사추세츠 공과대학에서 유체역학을 연구하는 물리학자가 2010년에 논문을 발표한 것이 있습니다. 고양이는 물그릇 등으로 물을 마실 때 끝을 약간 뒤로 둥글린 혀를 수면을 가볍게 핥듯이 내밉니다. 그리고 그 혀를 입 안으로 다시 넣는 순간 생기는 물줄기를 입으로 재빨리 캐치하여 마신다고 합니다. 고양이는 가급적 많은 물을 마실 수 있도록 하기 위해 어떤 빈도로 혀를 내밀면 좋을지(1초간 4회), 중력과 관성의 균형을 본능적으로 파악하고 있다고 합니다. **고양이가 물을 마시는 우아한 모습의 뒤에는 유체역학이 숨어있었던 것입니다.**

이 물리학자는 자신이 키우는 고양이가 물을 마시는 모습을 보고 깨달았다고 합니다. 고양이를 조금 다른 시선으로 관찰해보면 여러 가지 분야에서 새로운 발견을 할 수 있을지도 모릅니다.

물을 마시는 고양이. 고양이를 키운다면 일상적으로 발견할 수 있는 모습이지만……

제4장 고양이 행동의 비밀을 파헤쳐보자

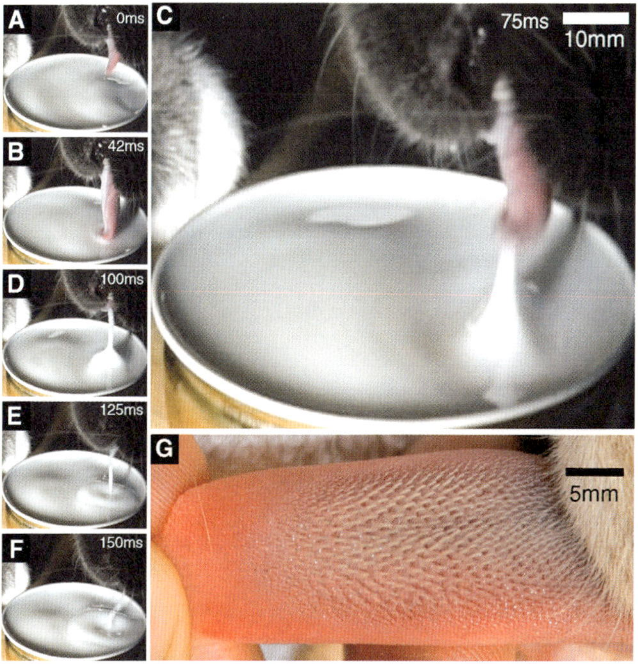

고양이가 물을 마실 때의 과정(A~F). 수면을 가볍게 핥듯이 혀를 내밀고 그 혀가 입안으로 다시 들어가는 순간 생기는 물줄기를 입으로 재빨리 캐치한다. G는 고양이의 혀 표면. 수면에 닿은 것은 혀 끝의 매끈한 부분

출처 / Pedro M. Reis, Sunghwan Jung, Jeffrey M. Aristoff, Roman Stocker,
"How Cats Lap : Water Uptake by Felis catus", *Science*, 330, 2010, PP.1231-1234

고양이는 우유를 마실 수 있을까?

외양간 등에서 길러진 고양이가 막 짠 우유를 받아 마시는 모습을 보거나 그런 장면을 TV나 영화 등으로 접하는 경우가 있습니다. 그 때문에 많은 사람들의 머릿속에는 '고양이는 우유 마시는 걸 좋아한다'고 각인되어 있습니다.

그러나 고양이를 키워본 사람이라면 '고양이는 젖당(락토오스)을 분해하는 효소(락타아제)가 소장에서 만들어지지 않기 때문에 우유를 주면 소화불량을 일으키고 설사의 원인이 된다'고 어디에선가 한번쯤 듣거나 읽은 기억이 있지 않은가요?

새끼 고양이가 어미 고양이의 젖을 먹을 때에는 젖당을 분해하는 효소인 락타아제가 충분히 생성되지만, 젖을 떼면서 락타아제를 만드는 유전자의 스위치가 꺼지는 메커니즘이 작용하여 락타아제가 만들어지지 않게 됩니다.

그러나 젖을 떼고 나서 우유를 계속 먹인 고양이의 소장에서는 어느 정도 락타아제의 분비가 유지되는 등 젖당의 허용량에는 개체차가 존재합니다. 사람에게도 우유나 유제품을 마신 후에 설사나 복통 등의 젖당불내증이라고 하는 증상이 나타나는 사람이 있는 것과 마찬가지입니다.

지금까지 우유를 마셔온 고양이는 괜찮지만……

인종이나 민족에 따라서도 큰 차이가 있기 때문에 젖당불내증이 나타나는지는 긴 시간에 걸친 식습관과 그것에 따른 유전자 변화에 의한 영향이 크다고 생각됩니다. 그렇기 때문에 **처음 보는 성묘에게 우유를 주는 것은 피해야 합니다.**

그러나 집사에게 우유를 조금씩 받아 먹어서 지금까지 어떤 문제도 없이 우유를 마시는 습관이 있는 고양이는 지금까지 해온 대로 소량의 우유를 주어도 문제는 없습니다. 단, 마시는 양은 늘리지 말고 설사 등의 증상이 나타나면 주는 것을 멈추어야 합니다. 락토오스가 함유되어 있지 않은 고양이용 우유도 구입할 수 있지만 성묘에게 굳이 우유를 줄 필요는 없습니다.

덧붙여서 **고양이가 우유 마시기를 좋아해도 언제나 신선한 물을 준비해주어야 합니다.** 또한 우유는 음료로서가 아닌 하루에 섭취하는 식사의 에너지원에 포함되기 때문에 살찐 고양이에게는 주의가 필요합니다.

고양이의 젖당 허용량에는 개체차가 존재한다. 새끼 고양이 때부터 우유를 마시는 습성을 지닌 고양이는 성묘가 되어도 우유 마시는 것을 선호한다

왜 고양이는 마타타비에 열광할까?

고양이에게 마타타비(개다래나무) 냄새를 맡게 하면 갑자기 이상해진 것처럼 침을 흘리면서 몸을 비비 꼬고 마루에 자빠져 황홀경에 빠지는 모습을 보고 아연실색한 분이 있지 않나요?

마타타비는 일본에 널리 분포하는 마타타비과에 속하는 덩굴성식물로 잎이나 줄기 과실에 '마타타비락톤', '액티니딘'이라고 하는 물질이 함유되어 있습니다. 마타타비 반응은 이 물질이 고양이과 동물의 후각기부터 뇌에 전달되어 감지되면서 일어납니다. 이 물질의 이름을 지은 사람인 오사카시립대학 이학부의 사칸 타케오目武雄 교수가 '마타타비의 연구에서'라는 흥미로운 연구 문헌을 발표한 것은 1964년의 일입니다. 하지만 현재에도 고양이와 마타타비 관계의 수수께끼는 모두 설명할 수 없습니다. 마타타비 효과에는 큰 개체차가 존재하여 **전혀 흥미를 보이지 않는 고양이부터 만취상태에 이르는 고양이까지 다양**합니다.

일단 고양이는 냄새를 맡고 나면 머리를 흔들면서 핥거나 깨물거나 합니다. 그리고 몸을 비비적거리며 문지르고 지면에 자빠져서 몸을 비비 꼽니다. 이 상태가 암고양이의 발정 시 상태와 비슷하고 생후 3개월까지의 새끼 고양이는 반응하지 않는 것으로 보아 마타타비가 성적으로 성숙한 고양이에게 성적흥분을 유발하는 미약媚藥효과가 있다고 추측하고 있습니다.

그러나 중성화한 고양이도 같은 반응을 보이기 때문에 '성적흥분'인지 '기분이 고조되는 것인지' 진위 여부는 알 수 없습니다. 단, **반응 여부는 유전적 기인이 크다**는 것이 밝혀졌습니다.

너무 많이 주지 않으면 문제는 없다

일반적으로 만취상태는 길게 지속되지 않고 10분 정도 지나면 흥미도 없어지며 아무 일도 없었다는 듯한 '맨 정신' 상태로 돌아가는데, 별다른 '숙취'도 없는 듯합니다. 마타타비는 잎이나 줄기, 과실 외에 액체나 분말 형태로 반려동물 용품점 등에서 구입할 수 있습니다. 고양이가 좋아한다면 가끔 소량을 주어도 부작용은 없습니다.

그러나 너무 흥분해서 호흡곤란이 오는 케이스도 보고되고 있으므로 반드시 적량을 집사의 관리 하에 주도록 합니다. 사용한 뒤에는 반드시 고양이가 찾을 수 없는 곳에 넣어 두어야 합니다.

유럽에서는 마타타비가 그리 익숙한 것이 아닙니다. 하지만 캣닢이나 발레리아나(Valeriana, 서양사슴풀)에 마타타비와 같은 효과가 있어서 고양이의 스트레스 해소를 위한 장난감(잎을 건조시켜 작은 천 주머니에 넣은 것)이나 방향유가 시판되고 있습니다.

마타타비에 관해서는 '아시아 국가에서 호랑이를 얌전하게 만들기 위해 사용하는 '마약'으로 중추신경계를 마비 시킬 뿐만 아니라 뇌세포를 파괴하고 중독증상을 야기한다'라고 기록되어 있는 책(독일어)도 있을 정도입니다.

마타타비 분말은 소량(0.5g)이 소분 되어 있는 것이 좋다

마타타비는 적정량이라면 가끔씩 주어도 문제가 없다

고양이가 발정을 하면 어떻게 될까?

암고양이가 성적으로 성숙해서 최초로 발정을 맞이하는 것은 태어난 계절이나 고양이의 종류(샴고양이나 아비시니안은 페르시아 고양이보다 더 빠르다는 것 등)에 따라 다르고 개체차가 크지만 대체로 생후 6~9개월입니다. 발정하는 기간은 일조시간의 영향을 받는데, 자연계라면 일반적으로 겨울이 끝나면서 봄이 시작할 때와 봄이 끝나면서 여름이 시작할 때쯤 연 2회 발정합니다. 콜로니를 만들어 함께 생활하는 암고양이는 다른 암고양이의 냄새에 영향을 받아서 발정 사이클이 같은 시기가 되는 경향이 있습니다. 이것은 **새끼 고양이의 양육을 함께 하기 위함**이라고 추측됩니다. 사람과 살아가는 고양이는 실내 조명시간에 의해 계절과 관계없이 발정하기도 합니다.

발정기는 6~10일 지속되지만, 최초 1~3일째에는 아직 수컷을 받아들이지 않습니다. 발정기에 교미를 하지 않으면 발정기 사이클은 약 2~3주마다 반복됩니다. 평상시는 수고양이에 대해서 차가운 태도를 취하는 암고양이라도 발정기에는 성호르몬(에스트로겐)의 분비가 늘어나서 태도가 확 바뀝니다. 일단은 여기저기 비비적거리고 지면을 데굴데굴 구르며 자신의 냄새를 묻혀 발정을 어필합니다. 수고양이는 이 냄새를 잽싸게 감지하여 집요하게 냄새를 맡고 때때로는 플레멘 반응을 하기도 하며 암고양이가 가까이 있으면 자신의 존재를 어필합니다.

암고양이는 교태를 떨면서도 처음 며칠은 수고양이가 바로 가까이 다가와도 '하악'하고 위협을 하거나 고양이 펀치로 내쫓거나 도망가 버립니다. 그렇지만 수고양이가 뒤쫓아 오는 것을 힐끔힐끔 확인하며 서서히 위협이 줄어들고 수고양이와 거리가 좁혀집니다. 드디어 수고양이를 받아들일 준비가 되면 배 부근을 지면에 찰싹 붙여 엉덩이를 위로 들어올리는 로도시스lordosis라고 불리는 자세를 취합니다.

실내에서 키우는 암고양이도 중성화 수술을 하지 않았다면 가까이에 수고양이가 없더라도 발정을 합니다. 마룻바닥을 데굴데굴 굴러다니며 발정기 특유의 큰 소리로 울거나 평상시보다 집사에게 더 어리광 부립니다. 식욕이 없어지거나 소변 횟수가 늘어나거나 화장실 외의 곳에서 소변을 보는 경우도 있습니다. 등이나 허리 부근을 만지면 엉덩이를 쭉 내밀며 로도시스 자세를 취합니다.

한편 생후 8~10개월 정도의 성적으로 성숙한 수고양이에게 발정기라고 하는 시기는 없고 발정한 암고양이의 냄새(페로몬)나 모습, 우는 소리에 이끌려 발정을 합니다. 암고양이의 발정과 함께 남성 호르몬(테스토스테론)의 분비가 늘어나고 냄새 묻히기나 소변 스프레이의 횟수도 늘어나며 자신을 적극적으로 어필합니다.

암고양이는 발정하면 마구 비비적거리고 데굴데굴 구르며 자신의 냄새를 묻히고 큰소리로 울며 발정을 어필 합니다.

왜 수고양이는 교미 시에 암고양이의 목덜미를 물까?

수고양이는 암고양이가 허락하면 위에 올라타(마운팅) 목덜미를 물고 뒷다리를 뻗대며 제자리걸음 하듯이 교미태세를 갖춥니다. 실제로 수고양이의 생식기가 투입되는 것은 단 몇 초에 불과합니다. 그러나 경험 부족인 고양이라면 우물쭈물하여 시간이 꽤 걸리는 경우도 있습니다.

수고양이는 암고양이가 되도록 움직이지 않도록 목덜미를 뭅니다. **고양이는 목덜미를 잡으면 꼼짝 않는 습성**이 있기 때문입니다. 어미 고양이가 새끼 고양이를 이동시킬 때는 새끼 고양이의 목덜미를 물어 옮기는데 이런 행동의 흔적인 것입니다. 새끼 고양이는 위험을 피하기 위해 본능적으로 힘을 빼고 가만히 있습니다. 이런 습성이 성묘가 되어도 유지되는 것입니다. 수컷의 생식기에는 가시 같은 작은 돌기가 역방향으로 많이 나있어서 교미는 암고양이에게 통증을 줍니다. 교미 시에 이 가시가 암고양이의 질을 자극하여 배란을 유발하는 메커니즘을 가지고 있습니다.

교미 직후(생식기가 빠지면)에 암고양이가 취하는 행동을 조사한 결과 54%의 암고양이가 '캬-'하는 소리를 내며 77%의 암고양이가 수고양이에게 냥펀치를 날리려고 하고 거의 100% 가까이의 암고양이가 음부를 핥거나 지면을 데굴데굴 굴러다닌다는 결과가 나왔습니다. 이 암고양이의 외침이나 공격은 통증 때문이라고 하지만, 교미는 그 뒤에도 몇 번씩이나 반복되기 때문에 바로 잊을 수 있을 정도의 순간적인 통증인 것입니다.

또 교미 직후에 암고양이가 제정신을 차리면 수고양이와 거리가 너무 가까워서, 즉 위험거리를 넘어서 접근한 것을 알아차리고 공격한다는 설도 있습니다. 수고양이는 암고양이의 흥분이 진정될 때까지 1m 정도 떨어진 곳에서 대기하며 다음 교미를 준비합니다.

교미 후 약 24~36시간 뒤에 배란이 일어납니다. 암고양이는 단 한 번이 아닌 하루에 몇 번이나 교미를 허락합니다. 그 편이 배란이 여러 번 일어나 수정할 확률도 높아지기 때문입니다. 다른 수고양이를 받아들이는 경우도 있어서 다수의 수고양이의 수정란이 자궁에 착상하여 친부가 다른 새끼 고양이가 동시에 태어나기도 합니다.

A. 교미할 때 암고양이는 엉덩이를 위로 들어 올린 '로도시스' 자세를 취한다

B. 꼬리를 한쪽으로 치운다

C. 수컷은 암컷의 목덜미를 물고 뒷다리를 빼고 등을 굽혀서 교미 태세를 취한다. 교미는 불과 몇 초 만에 끝난다

D. 교미직후 암컷은 수컷을 뿌리치고 음부를 핥거나 지면을 데굴데굴 굴러다니며 흥분을 가라앉힌다

수고양이의 생식기에는 가시가 있는데, 테스토스테론의 분비가 줄어들면 가시가 없어진다. 고양이의 배란은 교미 자극에 의해 일어난다

암고양이는 어떻게 상대 수고양이를 고를까?

고양이의 밀도가 낮은 광대한 지역에서는 다른 수고양이를 내쫓은 강한 수고양이만이 발정기의 암고양이 가까이에서 늘 대기하여 암고양이를 독점합니다. 고양이의 밀도가 높은 콜로니에서는 암고양이가 발정기에 접어들면 수고양이는 되도록 암고양이의 가까운 곳을 확보하려고 하기 때문에 수고양이끼리 싸움을 하기도 합니다.

그러나 암고양이가 교미를 허가할 때가 되면 수고양이들은 싸우지도 않고 **교미 중에 다른 수고양이가 가까이서 조용히 대기하는 듯한 모습**도 볼 수 있습니다. 중요한 때에 쓸데없이 싸움을 하여 에너지 낭비를 하고 싶지 않기 때문이지요.

암고양이에게 가장 가까운 장소에는 콜로니 안에서도 서열이 높은 보스 고양이가 자리를 차지하고 있습니다. 하지만 암고양이는 잠깐 새에 서열이 낮은 수고양이나 다른 콜로니의 수고양이와 교미를 하기도 합니다. 교미하는 횟수는 수고양이의 연령이나 크기와 반드시 비례하지는 않습니다.

친부가 어느 고양이인지 모르는 편이 좋다?

후쿠오카현의 아이노시마에 사는 길고양이들을 대상으로 DNA 감정을 도입하여 동물학자인 야마네 아키히로가 실시한 조사에서는 암고양이가 다른 콜로니의 수고양이 사이에서 많은 새끼 고양이를 낳았다는 결과가 있습니다. 이것은 비교적 크고 강한 수고양이가 다른 콜로니의 암고양이에게 요령껏 접근하여 다른 수고양이의 눈을 피해 교미를 한 결과이기도 합니다.

암고양이는 어째서 이 같은 '이방인'에게 끌리는 것일까요?

이와 관련하여 고양이는 **직감적으로 근친교배를 피하고 보다 건강한 생명력을 가진 유전자를 남기고자 하는 능력을 갖추고 있다**는 설이 있습니다. 그렇지만 암고양이가 다수의 수고양이와 교미하고 배란이 여러 번 일어나도 암고양이의 난자가 어떤 수고양이의 정자와 수정될지는 자연의 섭리에 맡길 수 밖에 없어서 수컷 정자레벨의 경쟁이 되는 것이지요.

암고양이가 다수의 수고양이와 교미를 하는 이유로는 '수컷이 새끼 고양이를 죽이는 것을 방지하기 위함'이라는 설도 있습니다. 고양이의 밀도가 높은 콜로니 등에서는 수고양이가 새끼 고양이를 죽이는 일이 아주 보기 드물게 있습니다. 이 이유에 대해서도 다양한 설이 있지만 '다른 수컷과의 사이에서 태어난 새끼 고양이를 죽이고 암고양이가 다시 발정하는 것을 기다려 자신의 유전자를 남기고자 함'이라는 것이 가장 유력합니다. 만약 그렇다면 암고양이가 많은 수고양이와 교미하여 새끼 고양이의 친부가 누구인지 모르게 해서 **새끼 고양이를 죽이는 것을 막을 수 있겠지요.**

그렇다고는 해도 모든 암고양이가 연이어 다른 수고양이를 받아들이는 것은 아니며 특정 수고양이만 받아들이고 다른 수고양이는 거절하는 암고양이도 있습니다. 어떤 기준으로 수고양이를 선택하는 것인지는 수수께끼에 둘러싸여 있습니다.

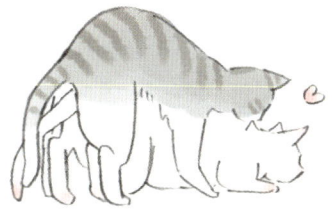

다음 순서를 기다리는 (?) 수고양이. 상대 고르기는 암고양이가 주도권을 갖는다

고양이에게도 동성애가 있을까?

　수고양이 사이, 암고양이 사이에서도 한 마리가 상대 위에 올라타 (마운팅) 목 부근을 물고 마치 교미를 하는 것 같은 행동을 보이는 경우가 있습니다.

　아이노시마 콜로니에서 실시한 조사에서는 암컷의 발정기에 성적으로 흥분한 수고양이는 교미할 적당한 상대를 찾지 못하면 다른 수고양이에게 또는 드물게 암고양이가 암고양이에게 마운팅하는 것이 관찰되었습니다. 그러나 이성 고양이가 있으면 일반적인 교미가 가능하기 때문에 동성애라고는 할 수 없습니다.

　또 위로 올라타는 고양이의 대부분은 5살 이상으로 비교적 몸이 크고, 밑에 깔리는 고양이의 대부분이 2~3살의 비교적 몸이 작은 수고양이라는 결과로부터 '수고양이가 다른 콜로니를 방문하여 작은 수고양이를 암고양이라고 착각했다', '스스로 우위성을 과시하기 위한 행동'이라는 설도 있습니다.

　그러나 수고양이끼리의 마운팅은 암고양이의 발정기 때만 관찰되며 마침 암고양이가 다른 수고양이에게 구애 받을 때 일어나는 경우가 많기 때문에 **성적 욕구불만을 충족하기 위한 행동**이라는 것이 가장 유력한 설입니다.

중성화 수술을 해도 마운팅을 한다!?

　중성화 수술을 한 집고양이가 마운팅을 하는 경우도 있습니다. 수고양이는 중성화 수술을 해도 모든 성적행동이 100% 없어지지 않고 특히 교미 경험 후나 1살을 넘겨서 중성화 수술을 하는 경우에는 소변 스프레이나 집사의 팔, 다리, 담요, 봉제인형 등에 마운팅을 하는 일

제4장 고양이 행동의 비밀을 파헤쳐보자

도 드물지 않습니다. 다수의 고양이를 키운다면 가까이 있는 다른 고양이가 그 대상이 되기도 하겠지요.

또 성적 충동과 관계 없는 스킨십이나 놀이의 일환으로서 다른 고양이에게 마운팅을 하기도 합니다. 위에 올라타는 것은 대부분의 경우가 몸이 크고 서열이 높은 고양이이기 때문에 자신의 우위성을 과시하는 것이라고도 이야기합니다.

마운팅의 횟수가 너무 많거나 마운팅 당하는 고양이가 무서워하면 잠시동안 두 마리를 격리 시키거나 무서워하는 고양이가 숨을 수 있는 장소를 많이 만들어 주는 등의 대처를 합니다. 마운팅 하는 고양이가 응석 부리면 쓰다듬거나 충분히 스킨십을 하는 시간을 가집니다. 서열이 높은 고양이가 마운팅 하려고 할 때에는 사람이 사이에 껴서 놀이로 유혹하여 충분히 몸을 움직이게 하는 시간을 갖는 것이 중요합니다.

단, 중성화 수술한 수고양이가 성적 행동을 보이는 것은 드물게 잠복고환(고환이 음낭 내에 늘어져 있지 않은 상태)으로 인해 성호르몬이 분비되고 있거나 종양 등에 따른 성호르몬의 과도분비가 원인인 경우도 있다.

동성 고양이끼리의 마운팅에는 성적 욕구불만, 스킨십이나 놀이의 일환, 우위성 과시, 성호르몬 분비 이성 등 다양한 이유가 있다

중성화 하지 않으면 고양이의 수는 얼마나 늘어날까?

'고양이의 번식을 자연에 맡기게 되면 어떻게 될까'라는 주제로한 하나의 통계가 있습니다. 한 마리의 암고양이가 일년간 2회 교배하여 출산하면 각각 2.8마리씩 새끼 고양이가 살아남고, 머지않아 암고양이가 약 6개월만에 성적으로 성숙하여 다른 수고양이와 교배, 마찬가지로 연 2회 교배하여 각각 2.8마리씩 새끼 고양이가 살아남고…… 라는 전제입니다. 물론 실제로는 고양이의 수를 이런 식으로 단순계산할 수 없지만 **10년 후에는 11마리의 암고양이로부터 8,000만 마리 이상의 고양이가 태어**나게 됩니다.

고양이 자신에의 위험(교통사고, 고양이 사이의 싸움에 따른 부상이나 감염증, 길 잃어버림, 학대)이나 이웃에 끼치는 피해를 생각하면 고양이는 실내에서 키우는 것이 좋겠습니다. 하지만 고양이를 실외로 자유롭게 출입시키며 키우는 경우 불행해지는 새끼 고양이를 늘리지 않기 위해 고양이에게 반드시 중성화 수술을 받도록 해야 합니다.

최근에는 고양이를 완전히 실내에서 키우는 경우도 교배를 원하지 않는다면 중성화 수술을 시키는 집사가 늘고 있습니다. 중성화 수술은 원치 않는 새끼 고양이가 태어나는 것을 방지해줄 뿐만 아니라 호르몬과 관계되는 생식기 질환(자궁축농증이나 유선종양, 정소나 고환 종양 등)을 예방해주고 발정기의 육체적, 정신적 스트레스를 없애주며 고양이가 평온하게 살 수 있는 등의 메리트가 있습니다.

특히 수고양이의 경우 소변 스프레이, 가출, 큰 소리로 울기, 다른 수고양이와의 싸움 등 집사를 곤란하게 만드는 행동이 줄어들고 성격도 온순해지는 경우가 많습니다. **중성화 수술을 하지 않았을 때의 장점은 거의 없습니다.**

단지 중성화 수술을 하면 에너지 필요량이 줄기 때문에 지금까지와 똑같은 칼로리의 식사를 주면 비만을 야기하기 쉽다는 점을 명심하는 것이 좋습니다.

고양이의 번식을 자연에 맡기면 기하급수적으로 불어난다 출처 : 바이에른주 동물보호연맹

고양이가 고령이 되었다는 징표는?

사람과 마찬가지로 고양이도 중년에 접어든 7살을 넘은 시점부터 '나이를 먹었구나' 하고 생각하게 되는 변화가 몸이나 행동에서 조금씩 발견할 수 있게 됩니다. 젊어 보이는 고양이라도 고령기에 접어든 11살 쯤에는 어떠한 노령의 징표를 볼 수 있습니다. 예를 들면 시각, 청각, 후각이 쇠퇴하고 피부의 탄력성이 저하되며 털의 결에도 변화(털의 윤기가 없어지고 숱도 없어지며 하얗게 되는 등)가 보입니다. 눈곱이나 침이 늘어나고 치주질환이 악화되어 치아가 빠지고 발톱이 약해지며 발톱갈이도 잘 하지 않게 되어 발톱이 너무 길어지는 경우도 있습니다. 내장도 노화하여 장기의 쇠퇴나 면역력 저하도 확실히 진행되어 갑니다.

근육이 줄어들고 관절도 약해지기 때문에 순발력이 없어지며 지금까지 올라갈 수 있었던 곳에도 점프할 수 없게 되고 화장실에 가는 타이밍을 놓쳐 대소변 실수를 하는 경우도 있습니다. 그루밍이나 발톱갈이를 하는 시간과 운동량이 줄어들고 자는 시간이 늘어납니다. 낮과 밤의 사이클이 엉망이 되고 한밤중에 이유 없이 울어대거나 화장실을 못 찾거나 먹는 것을 잊어버려 식사를 거르는 등 인지기능장애증상이 보이는 경우도 있고, 노령기에 접어든 15살쯤에는 노화의 징표는 더욱 두드러집니다.

연령에 따라 기초대사량*이 줄어들기 때문에 젊었을 때와 같은 먹이를 주면 살찌기 쉬워집니다. 이 때문에 고양이의 비만은 4~10살(특히 6~8살)에서 많이 볼 수 있습니다. 그렇지만 건강한 고양이라도 11살이 넘으면 살이 빠지는 경향이 있고 노령기에 접어들면 더욱 체중이 줄어들어 '2마리에 1마리는 깡마른 상태'라고 하는 보고도 있습니다. 살찌는 것보다 마른 것이 진짜 노화의 징표인 것입니다.

※ 아무것도 하지 않아도 생명활동을 유지하기 위해서 쓰여지는 에너지

제 5 장
고양이 몸의 비밀을 파헤쳐보자

고양이의 몸은 왜 유연할까?

고양이의 골격은 작은 몸에도 불구하고 사람보다 40개 정도가 더 많은 240개 전후의 뼈로 구성되어 근육의 수도 사람의 약 2배인 500개 이상에 달한다.

고양이의 척추는 전방으로 경추(7개), 흉추(13개), 요추(7개), 천추(3개 결합) 및 미추(14~28개)와 약 50개의 척추골이 연결되어 이루어져 있습니다. 참고로 사람의 척추는 경추(7개), 흉추(12개), 요추(5개), 천추(5개 결합) 및 미추(3~6개)와 약 33개의 척추골로 이루어져 있습니다.

고양이는 사람보다 흉추나 요추의 수가 많아서 사람에 비해 등이 깁니다. 척추골과 척추골 사이에는 쿠션의 역할을 하는 연골로 이루어진 추간판이 일종의 관절을 형성하고 각각의 척추골은 이 관절과 인대로 연결되어 있습니다. 고양이의 **척추골을 잇는 관절은 매우 느슨하게 연결되어 있어서 인대도 부드럽고 유연합니다.**

척추의 수가 추골 이외는 같은 개와 비교해도 고양이의 척추는 특히 흉추와 요추가 유연성이 풍부하고 활 모양을 그릴 정도로 등뼈를 구부릴 수 있습니다. 강아지는 앞에서 2번째인 제2경추와 제1흉추가 탄성력 있는 인대로 확실히 고정되어 있습니다. 하지만 고양이에게는 이런 인대가 없고 이 또한 고양이의 목 움직임이 유연한 요인입니다.

또한 골격근을 구성하는 것은 자신의 의지로 움직일 수 있는 수의근이라고 불리는 근육인데, 고양이의 수의근은 근섬유(근세포)와 그 주위의 결합조직이 느슨하게 접착되어 있어서 수축력이 강해 유연합니다.

이처럼 경량에 유연성이 풍부한 부드러운 고양이의 몸이지만 뭐니뭐니 해도 **척추의 유연함이 고양이의 구불구불한 모습의 큰 요인**이라

제5장 고양이 몸의 비밀을 파헤쳐보자

고 할 수 있습니다.

🐾 고양이의 척추

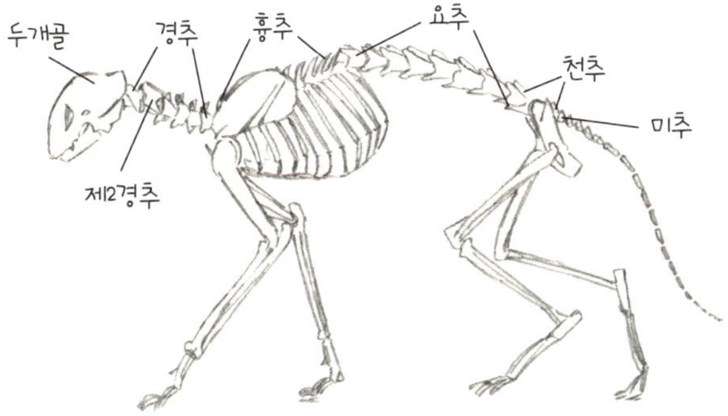

두개골, 경추, 흉추, 요추, 천추, 미추, 제2경추

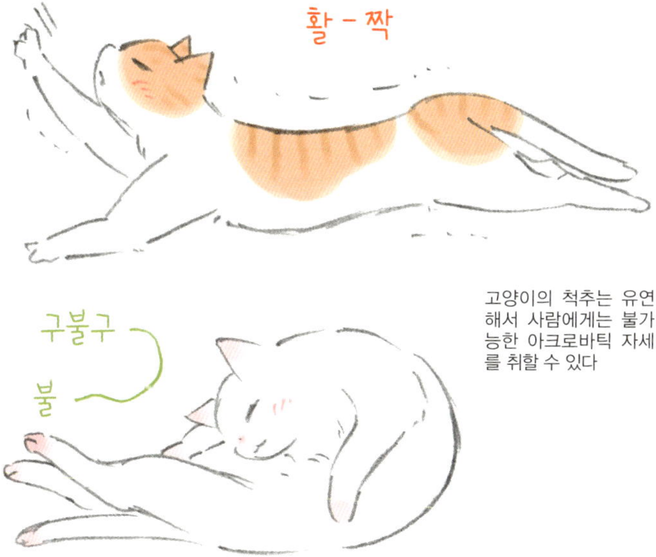

활 – 짝

구불구불

고양이의 척추는 유연해서 사람에게는 불가능한 아크로바틱 자세를 취할 수 있다

고양이 털의 종류는 어떤 것이 있을까?

 가늘고 부드러운 털을 고양이 털이라고 하지요. 고양이의 체모는 **겉털**guard hair라고 불리는 곧고 긴 털과 짧은 솜털下毛로 둘러싸여 있습니다. 솜털은 또한 겉털보다 가늘고 털 끝으로 갈수록 조금 두꺼워지며 앞쪽이 구부러진 뾰족한 **까끄라기털**awn hair과 복슬복슬하며 가장 가늘고 약간 꼬부라진 털인 **속털**down hair로 나뉘어 집니다.

 일반적으로 하나의 모낭hair follicle에서 하나의 겉털과 복수의 솜털이 결합되어 있고 하나의 모공에서 복수의 털이 자라나 있습니다. 이 모공이 고양이의 피부 1㎠당 100~600개 있지만, 털의 개수는 고양이 종이나 몸 부위에 따라 크게 차이가 납니다.

 가장 단단하고 긴(굵기 약 0.05~0.08㎜) 바깥쪽 털이며 고양이 털 색을 좌우하는 겉털의 중요한 역할은, 피부를 자외선이나 자극으로부터 보호하고 모낭 부근에 있는 피지선에서 분비되는 피지의 도움으로 수분을 튕겨내어 깨끗하고 건조한 상태를 유지하는 것입니다.

 피부에 밀착되어 있는 가장 부드럽고 짧은 속털(굵기 약 0.02㎜)은 더울 때에는 단열을, 추울 때에는 공기층을 만들어 보온 효과를 발휘합니다. 속털은 체모 전체를 점하는 비율이 가장 많은 복슬복슬한 털입니다. 또한 길이, 굵기, 곧은 정도가 겉털과 속털의 중간 정도이며 겉털과 함께 고양이의 털 모양을 결정하는데 중요한 역할을 하는 까끄라기털에도 피부 보호와 단열, 보습 효과가 있습니다.

 모낭 하나하나에는 **모발근**이라고 불리는 작은 근육이 있어서 위협 시(26쪽 참조)나 추울 때 등에 이 근육이 수축하여 털이 곤두섭니다. 털의 길이나 성장주기, 3종류의 털 비율은 고양이 종이나 출신지에 따라서도 큰 차이가 나며 장모 종인 노르웨이숲 고양이 등 추운 지역 출신의 고양이에게는 보습 효과가 있는 속털이 많습니다.

반면에 단모 종인 샴 고양이 등 더운 지역 출신인 고양이에게는 속털이 거의 없습니다. 기준으로는 단모 잡종 고양이로 겉털, 까끄라기털, 속털의 비율이 약 1:15:25라는 조사 결과가 있습니다.

모질에는 개체 차가 있어서 단모종 고양이라도 촉감이 곧고 뻣뻣한 고양이가 있는가 하면 부드럽고 복슬복슬한 고양이도 있습니다. 부드러운 털도 나이를 먹으면서 모질이 바뀌거나 숱이 줄거나 그루밍도 소홀히 하게 되어 털이 푸석푸석해지기 쉽습니다.

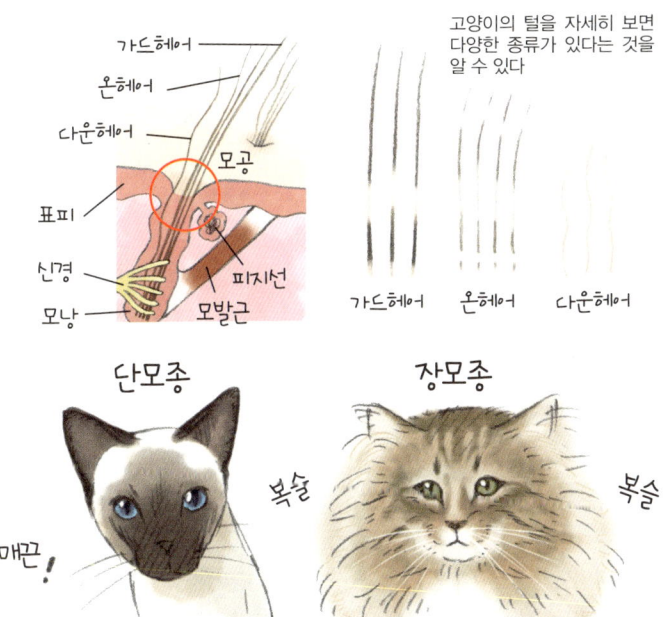

삼고양이(왼쪽)와 노르웨이숲 고양이(오른쪽)

고양이의 무시무시한 점프력의 비밀은?

복슬복슬하고 부드러우며 잠만 잘 것 같은 고양이의 모습에서는 도무지 상상하기 힘들지만 고양이는 때때로 돌연 굉장한 점프력을 보여 주어 사람을 놀라게 합니다.

웅크린 상태에서 뒷발을 단숨에 용수철처럼 늘려 도움닫기도 하지 않고 목표를 향해 몸 높이의 4~5배나 되는 높이(1.2~1.5m)까지 점프할 수 있다고 합니다. 키의 약 1.3배 도약(높이뛰기)이 사람의 세계 기록인데, 고양이 신장을 80㎝라고 해도 **어떤 고양이든 사람의 세계 기록을 무난히 깰 수 있겠지요.**

이 강력한 점프는 뒷다리의 강인한 근육과 힘줄, 유연한 등과 관절의 움직임이 교묘하게 조합된 결과 만들어지는 것입니다. 도약력은 반동 시의 속도가 빠를수록 커지는데, 이 속도에는 **뒷다리의 길이와 근육의 크기**가 관계되어 있습니다.

고양이가 웅크리고 있을 때는 잘 알 수 없지만, 체중이 4㎏인 성묘의 뒷다리는 완전히 편 상태에서 평균적으로 약 28㎝ 정도입니다. 꼬리를 뺀 몸길이(코 끝부터 꼬리 뿌리 부분까지)가 평균 50㎝인 것을 감안하면 뒷다리의 길이는 몸길이의 반 이상이나 차지하므로 생각보다 길다는 것을 알 수 있습니다.

점프할 때에는 고관절을 늘리는 근육, 무릎 관절을 늘리는 근육, 발목의 관절을 늘리는 근육이 특히 중요합니다. 뒷다리의 길이가 길수록, 그리고 이런 뒷다리의 근육이 클수록 도약 시의 속도가 빨라지고 보다 높이 점프할 수 있습니다.

그렇기 때문에 근육량이 적고 지방이 많은 비만 고양이나, 고령에 의해 관절이 딱딱해지고 근육량이 저하된 고령 고양이는 점프력이 쇠퇴합니다.

고양이는 목표를 정하면 시선을 고정하고 앉은 자세에서 점프하기 직전에 허리를 낮춰 지면을 순식간에 강하게 박차고 상체를 위로 밀어 올리듯 하여 목표를 향해 도약합니다.

그러나 고양이는 목표를 정하지 않아도 깜짝 놀랄 때 등에 그 자리에서 점프하여 도약하는 경우가 있습니다. 무서울 때에는 뒤를 확인하지도 않고 느닷없이 뒤로 점프하여 어딘가에 부딪힐 때도 있기 때문에 주의가 필요합니다.

고양이의 점프력은 굉장하다. 목표를 정하고 뒷다리를 용수철처럼 사용하여 순식간에 점프한다

① 웅크린 상태
② 상체를 들어 점프를 위해 땅을 걷어차는 순간
③ 몸통과 뒷다리가 완전히 늘어난 상태

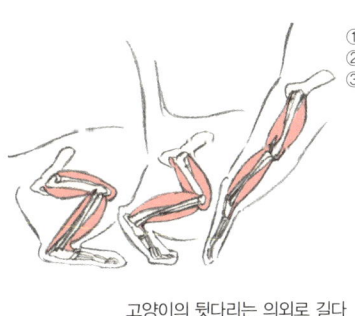

고양이의 뒷다리는 의외로 길다

어떻게 높은 곳에서 떨어져도 제대로 착지할 수 있는 걸까?

고양이가 높은 곳에서 떨어진다면 몸이 가늘고 팔다리보다 무겁기 때문에 등부터 쿵 하고 떨어질 것 같지요. 그러나 고양이는 조금 높은 곳에서 누운 상태에서 떨어져도 대부분의 경우 공중에서 몸을 반전시켜 방향을 바꾸고 네발로 제대로 착지할 수 있습니다. 등부터 떨어져도 고양이는 일단 지면을 보도록 순간적으로 머리를 비틀고 얼굴을 보호하기 위해 네 다리를 얼굴 가까이 끌어옵니다.

다음으로 얼굴의 움직임과 함께 상반신을 비틉니다. 이어서 낙하의 후반에는 몸을 비틀어 반전시키고 뒷다리를 당깁니다. 힘이 들어간 꼬리는 프로펠러처럼 균형을 잡는 역할을 하고 공기저항이 생기도록 네 다리를 날다람쥐처럼 폅니다.

착지 직전에는 충격을 완화시키기 위해 등을 구부리고 충격이 분산되도록 네 다리를 뻗디며 착지 태세를 취합니다. 물론 발바닥의 육구도 착지 시 충격을 흡수하는데 한 역할을 합니다.

확실히 머리부터 꼬리 끝까지 모든 부분을 완전히 사용하여 순간적으로 자세를 바꾸는 반사신경을 가지고 있다고 할 수 있지요. 이 반사신경은 선천적인 것으로 새끼 고양이도 생후 6~7주 정도가 되면 고양이 공중제비를 할 수 있게 됩니다.

이런 고양이 공중제비는 생리학자만이 아닌 많은 물리학자에게 있어서도 큰 수수께끼로, 100년 이상 전부터 연구(회전운동의 운동량에 대해서) 대상이 되고 있습니다. 1960년에는 '고양이가 공중제비를 하는데 필요한 시간은 8분의 1초이며 불과 8cm 위에서 등부터 떨어져도 네 다리로 착지할 수 있다'는 것이 밝혀졌습니다.

그 후에도 고양이 공중제비에 어떤 감각기관이 중요한지를 알기 위

제5장 고양이 몸의 비밀을 파헤쳐보자

해 눈가리개를 한 고양이, 꼬리가 없는 고양이, 선천적으로 내이가 없어서 귀가 들리지 않는 고양이가 공중제비를 할 수 있는지 실험해 보았습니다. 고양이의 내이에는 균형감각이나 방향감각을 담당하는 고감도의 뛰어난 반고리관이 있어서 이것이 큰 역할을 하고 있다고 추측되고 있었기 때문입니다.

이 실험에서는 눈가리개를 한 고양이는 조금 위태로운 착지를 보였고, 꼬리가 없는 고양이와 귀가 들리지 않는 고양이는 무사히 착지할 수 있었다고 합니다. 그러나 귀가 들리지 않는 고양이에게 눈가리개를 하면 그대로 등부터 쿵 하고 떨어져 버립니다.

고양이 공중제비는 작은 몸과 유연한 골격, 시각, 뛰어난 균형감각, 그리고 민첩한 반사신경, 운동신경 등 모든 요소가 조합되어 이루어지는 것이라고 할 수 있습니다.

고양이는 높은 곳에서 떨어져도 자세를 갖춰 다리부터 착지할 수 있다

마치 날다람쥐처럼 뛴다

고양이의 고소낙하증후군이란 무엇일까?

고양이의 **고소낙하증후군**Feline high-rise syndrome이란 고양이가 고층 아파트의 창문이나 발코니에서 떨어져 받는 외상의 명칭입니다. 최근에는 고소낙하증후군으로 동물병원에 실려오는 고양이가 늘어나고 있습니다.

서양의 동물병원에서 고소낙하증후군 치료를 받은 고양이의 통계 수치가 있습니다. 이 통계에 따르면 낙하 사고는 놀이에 빠지거나 자극(작은 새 등)에 이끌리기 쉬운 호기심 왕성한 2살 정도까지의 젊은 고양이에게 많이 일어나며 시기는 봄에서 가을(특히 여름)에 걸쳐서 빈번하게 일어난다는 것이 밝혀졌습니다.

치료를 받은 고양이의 떨어진 평균 층수는 3~5층으로 네 다리가 골절되거나 탈구, 흉부나 두부의 외상, 쇼크 증상이 많았다고 보고되었습니다.

사람보다 느린 종단속도가 포인트

낙하한 물체는 공기저항 등을 받아 최종적으로 종단속도라고 불리는 일정 속도에 도달합니다. 고양이는 사람에 비해서 몸이 작기 때문에 체중에 대한 표면적이 커집니다. 이로 인해 떨어질 때 공기저항이 커지기 때문에 **사람의 종단속도가 약 시속 190㎞인것에 반해 고양이의 종단속도는 시속 100㎞정도** 입니다.

고양이가 건물의 5~6층부터 떨어지면 이 종단속도에 달하기 때문에 그 이상 높은 곳에서 떨어져도 상처 하나 입지 않았다는 고양이의 실화가 많이 있습니다. 2012년 3월에는 보스턴에서 고층맨션의 19층(약 60m 높이)에서 떨어졌는데도 상처 하나 나지 않은 행운의 고양이가 화제가 되었습니다.

뉴욕 동물 병원의 통계에서는 '고양이의 부상률은 낙하한 층수가 높을수록 많지만, 7층 이상 높이에서는 오히려 부상률이 적었다'고 보고되었습니다. 이에 대해서는 낙하 시 종단속도에 달하면 고양이는 조금 안정되어 여유롭게 자세를 갖출 수 있기 때문은 아닌가 하는 추측이 있습니다.

한편, 보다 최근의 크로아티아나 그리스 동물 병원의 통계에서는 층수가 높을수록 특히 7층 이상이면 부상률이 높아진다는 보고도 있습니다.

2층에서 떨어져서 죽은 고양이도 있다

어느 동물 병원에서도 떨어져서 부상당해 치료받은 고양이의 90% 이상이 살아남았다고 발표하고 있습니다. 하지만 실제로는 중간 정도의 높이(2~5층)에서 떨어져 동물 병원에서 치료를 받은 고양이의 수가 가장 많고, 높은 층에서 떨어져 치료를 받은 고양이의 수 자체가 적기 때문에 낙하 후에 사망하여 동물 병원까지 오지 못했을 가능성도 있습니다.

무사한지 어떤지는 고양이에 따라서도 개체차가 있고, 낙하한 높이만이 아닌 착지한 장소의 조건(콘크리트인지 잔디밭인지 등)에 따라서도 달라집니다.

고양이가 아무리 공중제비를 잘한다고 해도 실제로 아파트 2층 정도 높이의 창문이나 베란다에서 실수로 떨어져 골절 당하거나 죽는 고양이도 있기 때문에 낙하 방지용 그물을 설치하여 사고가 일어나지 않도록 주의해야 합니다.

고양이는 높은 곳을 좋아하지만 자발적으로 아래로 떨어지고 싶어 하지는 않습니다. 강아지에게 쫓기거나 무언가에 정신이 팔려 나무에 올라가서 내려오지 못하여 사람의 손을 빌려 겨우 내려오는 일을 겪은 고양이는 아주 많은 것이 그 증거입니다.

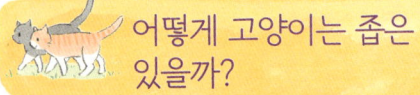
어떻게 고양이는 좁은 곳을 통과할 수 있을까?

고양이의 흉부는 13개의 흉추, 흉추와 연결된 갈비뼈, 그리고 흉골로 치밀하게 형성되어 있습니다.

고양이의 쇄골은 흉골의 전방 부근에 있고 길이 2~5㎝ 정도의 조금 구부러진 길고 가느다란 뼈입니다. 그리고 견갑골이나 다른 어떠한 뼈와도 이어지지 않고 마치 허공에 떠있는 듯한 상태입니다. 근육에 지지되어 있는 것이므로 역할은 없습니다.

덧붙여서 강아지의 쇄골은 더 퇴화되어 길이는 겨우 1㎝로 폭 4㎜ 정도의 작은 뼈입니다. 고양이와 마찬가지로 공중에 떠 있는 듯한 상태로 존재하거나 또는 아예 없는 경우도 있습니다.

고양이나 강아지의 견갑골은 얇고 평평한 삼각형의 뼈로 흉부 측면에 세로 방향(약간 비스듬하게)으로 근육으로 지지되어 위치합니다.

고양이의 견갑골과 사람의 견갑골은 큰 차이가 있다

사람의 견갑골은 등쪽에 있고 가로로 넓게 퍼져있습니다. 쇄골 바깥쪽 끝은 견갑골, 상완골과 이어져 있고, 쇄골 안쪽 끝은 흉골과 이어져 있습니다. 즉 쇄골에 의해 어깨가 흉곽에서 떨어진 위치를 유지하는 것입니다.

한편 **고양이의 견갑골은 근육으로 몸 측면에 이어져 있기 때문에** 상완골의 움직임에 맞춰 전후, 상하로 움직이며 옆으로도 어느 정도 움직일 수 있습니다. 또한 고양이의 갈비뼈로 둘러싸인 흉곽은 사람처럼 옆으로 퍼지지 않고 세로로 깁니다.

이렇게 몸이 만들어져 있기 때문에 고양이는 머리가 들어가면 좁은 곳이라도 통과할 수 있는 것입니다.

제5장 고양이 몸의 비밀을 파헤쳐보자

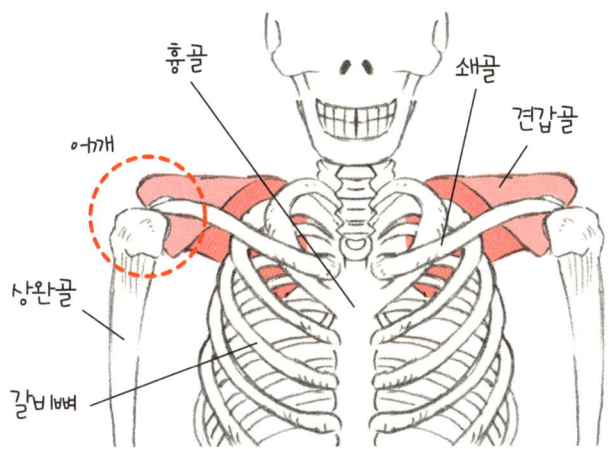

사람의 견갑골은 쇄골과 상완골에 연결되어 있다. 쇄골은 흉골에 연결되어 있다

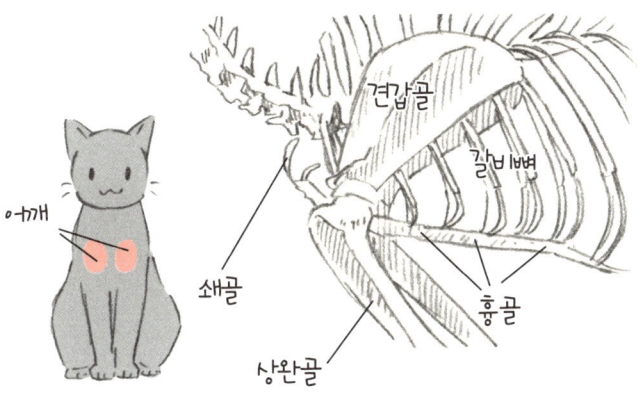

고양이의 흉부 뼈. 쇄골은 퇴화하여 어느 뼈와도 이어지지 않있다

어째서 고양이는 개보다 펀치에 능할까?

강아지와 고양이는 흉부 골격의 구성이 거의 같지만, 고양이는 양손으로 물건을 잡으려고 하거나, 재빠르게 냥펀치를 먹이거나, 개보다도 앞다리를 용이하게 쓸 수 있습니다.

개의 경우는 견종에 따라서 몸의 크기나 구성에 큰 차이가 있지만 일반적으로 고양이는 골격이 가볍고 특히 네 다리를 이루고 있는 긴 뼈가 개에 비해서 곧게 뻗어 있습니다. 또한 **고양이의 골격은 개에 비하면 수축 속도가 빠르고 순발력이 뛰어납니다.** 순발력이 뛰어난 속근(백근)이, 수축 속도는 느려도 잘 지치지 않는 지구력으로 뛰어난 지근(적근)보다 많기 때문입니다.

앞다리는 개의 견갑골이 많은 근육이나 힘줄에 의해 고정되어 있는 것에 반해 고양이의 견갑골은 몸 측면에 느슨히 고정되어 있습니다. 또 개의 어깨 관절은 안쪽과 바깥쪽 양쪽으로 팽팽히 뻗은 인대로 잘 고정되어 있습니다. 이런 구조에서 팔꿈치나 손목을 움직이는 각도는 개와 고양이가 비슷하지만 **어깨 관절은 고양이가 더 유연하게 움직일 수 있습니다.**

어깨 관절은 개가 전후로 125~145도 움직일 수 있다면, 고양이는 170~190도나 움직일 수 있습니다. 옆으로는 개의 어깨 관절이 80~100도인 반면 고양이는 100~120도를 움직일 수 있습니다. 고양이가 머리와 등뼈를 거의 움직이지 않고 사냥감에게 살며시 다가가거나 빠르게 뛸 수 있는 것도 견갑골이 상완골의 움직임과 함께 전후, 상하로 크고 매끄럽게 움직이기 때문입니다.

개도 고양이도 걸을 때에는 앞다리에 반 이상의 체중이 실립니다. 하지만 고양이보다 개가 앞다리에 체중을 싣는데, 이것은 고양이가 앞다리를 자유롭게 움직일 수 있는 요인으로 꼽힙니다. 물론 자유롭게 빼낼 수 있는 발톱이 냥펀치의 비장의 무기가 되는 것은 말할 필요도 없지요.

🐾 강아지의 골격

🐾 고양이의 골격

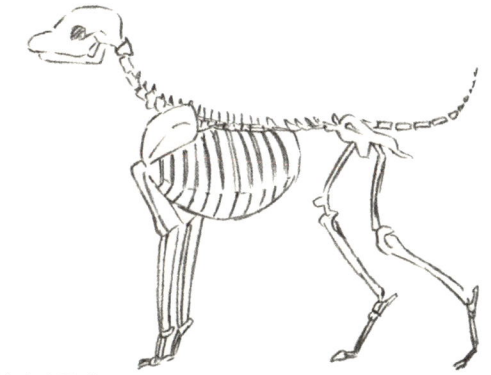

강아지와 고양이의 골격 차이. 고양이의 어깨 관절은 강아지에 비해 유연하다

고양이는 냥펀치에 능하다

고양이는 발톱을 자유롭게 넣고 뺄 수 있을까?

고양이의 발톱은 사냥감을 잡거나 싸울 때 무기로, 또는 나무를 오를 때에 꼭 필요합니다. 그러나 사냥감에 살며시 다가갈 때에는 발톱을 안으로 숨기고 발소리를 내지 않도록 해야 합니다.

고양이의 발톱은 사람의 발톱과는 구조가 전혀 다르고 발가락 가장 끝의 뼈와 이어져 있습니다. 발톱은 발톱과 발가락의 뼈를 잇는 힘줄과 인대가 끌어당겨져 긴장하거나 느슨해지는 메커니즘에 의해 **넣고 빼고가 자유자재**로 가능합니다.

보통 때에는 수축되어 있지만 고양이는 자신의 의지로 발톱을 내밀 수 있습니다. 발가락을 안쪽으로 구부릴 때 힘이 들어가는 근육(굴근)과 이어지는 힘줄을 팽팽하게 당기면 날카로운 날처럼 모든 발톱이 좌우 각각의 발에서 동시에 튀어나옵니다.

한편 굴근이 느슨한 상태에서는 발가락의 첫번째와 두번째 뼈를 잇는 고무 같은 탄성력을 지닌 인대에 의해 뼈가 겹쳐지는 형태가 되어 자동적으로 발톱이 수축됩니다.

고양이에게 발톱 갈이는 필수

발톱을 항상 날카로운 상태로 유지하기 위해서는 손질이 꼭 필요합니다. 고양이의 발톱은 안쪽에 혈관이나 신경이 지나가는 부분과 바깥쪽에 몇 겹으로 겹쳐진 칼집 같은 부분으로 이루어져 있습니다.

원래 앞다리의 발톱은 나무 오르기나 발톱갈이를 이용하여 발톱을 갈고, 뒷다리의 발톱은 이빨로 아작아작 깨물어 오래되고 딱딱해진 바깥쪽 겹을 벗겨내면 새로운 예리한 발톱이 나타납니다. 집 안에서 발톱이 탈피한 것처럼 벗겨진 껍질이 떨어져 있는 것도 이런 이유 때문입니다.

발톱 갈이는 발톱 손질 외에도 발톱을 가는 것과 동시에 발바닥 젤리에 있는 땀샘과 발가락 사이의 피지선에서 분비되는 자신의 냄새(페로몬)를 묻혀 마킹을 하는 역할을 하며, 긴장이나 스트레스를 완화시키는 역할도 합니다.

실내에서 기르는 고양이라도 발톱 갈이 하는 장소를 몇 개월간 제대로 준비해주면 발톱 손질은 고양이에게 맡겨두어도 괜찮지만, 그 중에는 별로 성실히 손질하지 않는 고양이도 있습니다. 특히 고양이도 고령이 되면 발톱 갈이를 잘 하지 않아서 발톱이 잘 벗겨지지 않게 되기도 하므로 정기적인 **발톱 체크가 필수**입니다.

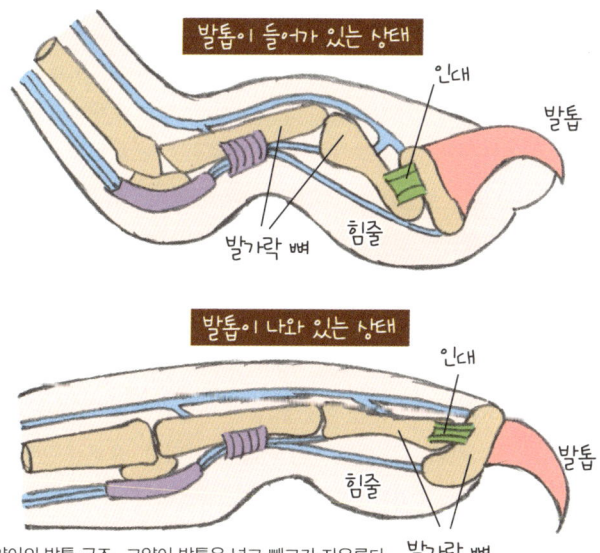

고양이의 발톱 구조. 고양이 발톱은 넣고 빼고가 자유롭다

캣워킹의 비밀은 무엇일까?

고양이와 사람의 팔다리 골격을 비교해보면 고양이는 발가락에 체중을 싣고 발끝으로 서서 걷는 것을 알 수 있습니다. 이런 걸음은 조용하고 보다 빠르게 걸을 수 있는 것이 특징입니다. 쿠션처럼 소리를 흡수하는 발바닥 젤리나 넣고 빼고가 자유로운 발톱도 고양이가 소리를 내지 않고 걸을 수 있는데 한몫을 합니다. 고양이는 걷거나 뛰는 속도에 의해 다양한 방법으로 팔다리를 움직입니다.

일반적으로 네 다리로 걷는 동물은 오른쪽 앞다리와 왼쪽 뒷다리, 왼쪽 앞 다리와 오른쪽 뒷다리를 한쌍으로 거의 동시에 지면에서 들었다가 착지하는 **사대보**斜對步나 오른쪽 앞다리와 오른쪽 뒷다리, 왼쪽 앞다리와 왼쪽 뒷다리를 함께 움직이는 **측대보**側對步라는 방법으로 걷습니다. 그러나 고양이가 걷는 모습을 관찰해보면 '어느 쪽인지 확실히 모르겠어……'라고 생각하는 분도 적지 않을 것입니다. 실제로 고양이의 걸음은 책마다 사대보라고도 하고 측대보라고도 설명되어 있습니다. 그도 그럴 것이 고양이는 걷는 속도에 따라 다리의 움직임을 바꾸며, 고양이에 따른 개성이 있기 때문에 한가지로 말할 수 없습니다.

고양이의 걸음은 기본적으로 측대보이지만, 실제로는 뒷다리의 착지와 앞다리의 착지가 명확하게 한 템포씩 어긋나 있고 어느 다리도 동시에 착지하지 않아서 사대보라고도 측대보라고도 말할 수 없습니다(일반 걸음의 경우). 뒷다리를 기준으로 하여 슬로우 모션으로 보면 뒷다리를 앞으로 내디디고 같은 쪽의 앞다리가 내밀어지는 듯한 느낌으로, 즉 왼쪽 뒷다리, 왼쪽 앞다리, 오른쪽 뒷다리, 오른쪽 앞다리의 순서로 착지하는 것입니다Ⓐ. 이처럼 고양이는 하나씩 다리를 착지시키기 때문에 몸 위아래 흔들림이 거의 없고 좁은 곳도 어려움 없이 걸을 수 있습니다. 이 걸음은 순간적으로 보면 사대보로 보이기 때문에 사대보라고 설명하는 책이 있는 것이지요.

사냥감에게 들키지 않기 위해 살며시 다가갈 때도 같은 다리를 움직입니다. 닌자처럼 몸을 낮추고 하나씩 다리를 착지시켜 소리도 내지 않고 다가갑니다.

빠른 걸음이 되면 고양이는 완전히 측대보가 됩니다. 즉 오른쪽 앞다리와 오른쪽 뒷다리, 왼쪽 앞다리와 왼쪽 뒷다리를 거의 동시에 지면에서 들어올려 착지합니다Ⓑ. 그리고 속도가 증가함에 따라 안정감이 생기고 잘 지치지 않는 사대보가 많아집니다Ⓒ.

더욱 속도를 내어 고양이가 전속력으로 뛸 때는 좌우 뒷다리를 거의 동시에 빼고 점프하는 듯한 느낌으로 등뼈를 앞쪽으로 크게 늘려 몸을 뺍니다Ⓓ. 그리고 앞쪽으로 크게 흔들어 내민 좌우 앞 다리로 착지하자마자 뒷다리를 앞다리보다 앞쪽에 착지하여 등뼈를 둥글린 다음 출발을 준비합니다. 네 다리는 지면에 닿아 있기보다도 공중에 있는 시간이 길고, 고양이는 단거리라면 이런 방법의 뜀박질로 전력 질주를 하며 시속 48km—즉 **100m를 7.5초로 뛰기** 때문에 100m를 9초대로 뛰는 사람의 세계기록을 훨씬 웃돌고 있습니다.

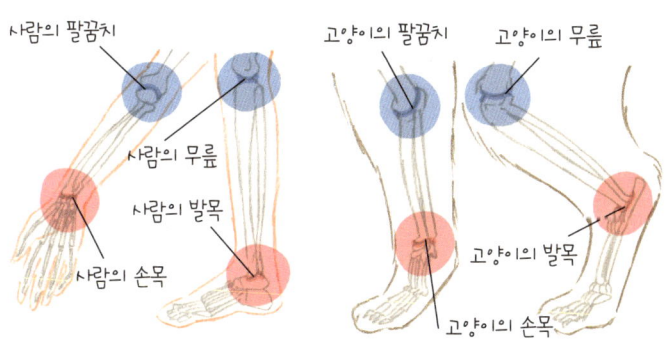

고양이와 사람의 팔꿈치, 손목, 무릎, 발목 위치의 차이. 고양이는 발 끝으로 서서 걷는다

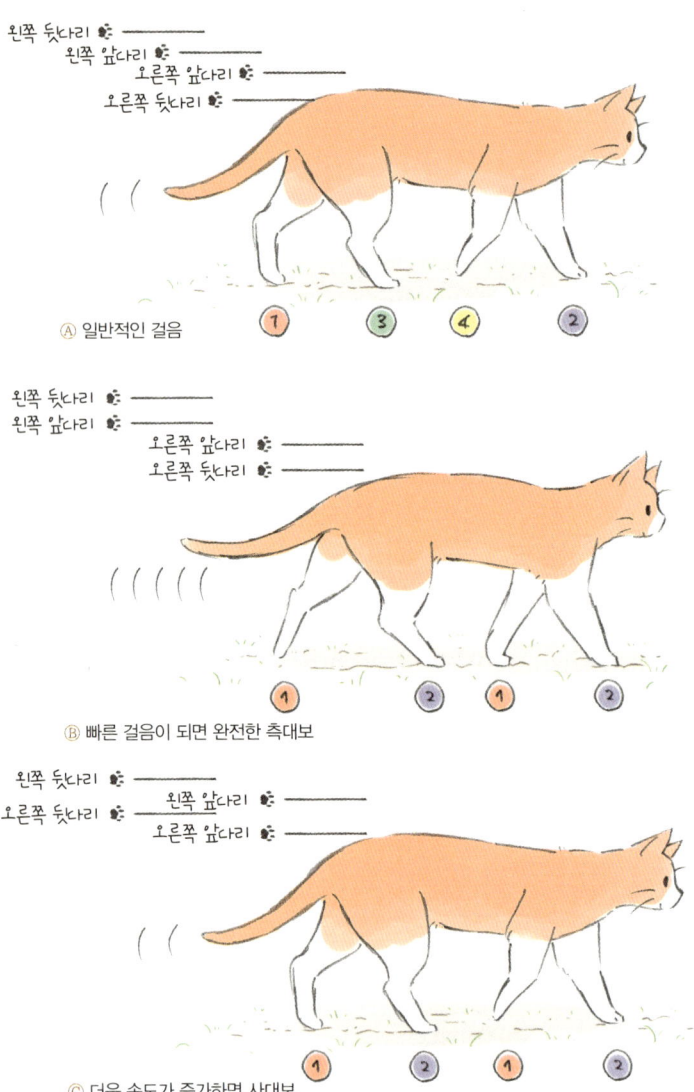

Ⓐ 일반적인 걸음

Ⓑ 빠른 걸음이 되면 완전한 측대보

Ⓒ 더욱 속도가 증가하면 사대보

─── 각각의 다리가 지면에 닿아 있는 시간을 나타냄

제5장 고양이 몸의 비밀을 파헤쳐보자

까치 발로 살금살금~

스윽~

몸을 낮춰 사대보로 걸어 살며시 다가감

① 전력으로 질주 할 때는 양쪽의 뒷다리를 차올려 앞으로 점프하듯 뛴다

발바닥 젤리는 왜 있는 걸까?

일단 사람들이 흔히 '젤리'라고 부르는 육구(발볼록살)의 명칭에 대해 설명해보도록 합시다. 앞발의 5개의 발톱이 있는 곳의 육구를 **지구**指球, 한 가운데 큰 육구를 **장구**掌球, 조금 위의 발목 바로 뒷 부분에 있는 작은 육구를 **지근구**라고 부릅니다. 지근구는 뒷발에는 없고 4개의 발톱이 있는 곳에 **지구**趾球, 정중앙에 큰 **족저구**가 있습니다. 고양이의 육구의 말랑말랑한 부분은 탄성섬유를 함유한 많은 결합조직과 지방으로 이루어져 있고 표면은 아주 두꺼운 각질층으로 된 피부로 둘러싸여 있습니다.

부드러워서 무의식중에 만지고 싶어지는 고양이의 육구는 귀여울 뿐 아니라 **많은 역할**을 합니다.

몸의 피부에 다양한 자극, 예를 들어 촉압(만질 때 감각), 온도(뜨겁다, 차갑다), 통증 등을 느끼는 많은 수용체가 존재하여 그 정보가 감각신경을 지나서 뇌에 도달합니다. 고양이는 촉각이 사람에 비해 그렇게 예민하지 않아서 사람이 느끼기에 너무 뜨거운 난로 앞에서도 장시간 앉아 있을 수 있습니다.

민감한 젤리는 고성능 센서

그러나 고양이의 육구(젤리)와 얼굴(특히 코)에는 이런 수용체가 많이 존재하기 때문에 육구는 몸의 다른 부분보다 민감합니다. 한 번도 본 적 없는 기묘한 물체를 만나면 고양이는 보통 일단은 손(육구)으로 가볍게 훑은 다음 조금 더 강하게 만져 그 존재를 확인합니다. 다음으로 코를 가까이 댑니다. 걸을 때에도 육구에 있는 수용체로부터 뇌에 끊임없이 정보가 전달됩니다.

제5장 고양이 몸의 비밀을 파헤쳐보자

육구 덕분에 사냥감에 가까이 접근할 때는 소리도 내지 않고 조용히 다가갈 수 있고, 점프 후 착지할 때에는 쿠션 역할을 하여 자극을 완화시켜 줍니다.

발끝으로 서서 지면에 닿는 면적이 작으면 속도가 붙습니다. 그러나 속도를 낮출 때에는 육구의 표면적을 넓혀 브레이크처럼 사용합니다.

또한 고양이의 몸에는 **땀샘**이 없지만 육구에는 있어서 더운 때나 긴장할 때 등에는 땀이 납니다. 촉촉한 육구는 불안정한 장소를 걸을 때 미끄러지지 않도록 하는 역할도 합니다.

그리고 육구에는 다양한 색이 있습니다. 일반적으로는 코나 피부색, 털색의 농도나 모양 등과 관련되어 있습니다. 새끼 고양이 때는 부드러운 육구도 나이가 들면서 딱딱하고 거칠거칠해지며 특히 바깥에 나가 거친 곳을 걷는 고양이의 육구는 어느 정도 단련되어 완강해집니다.

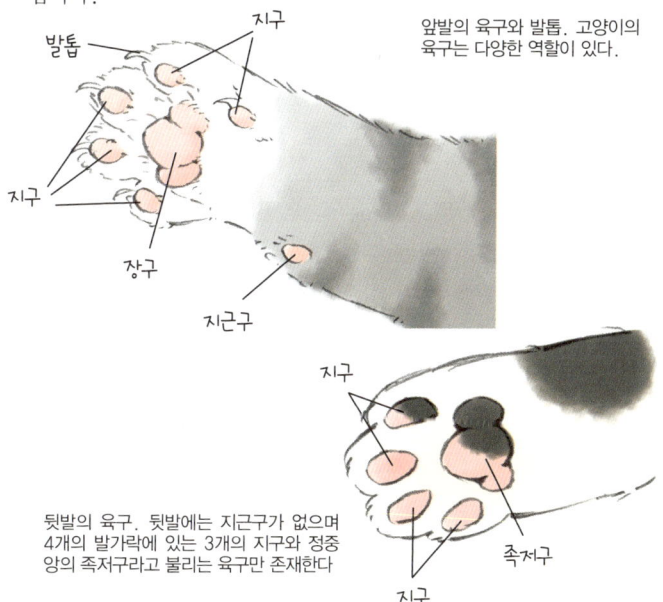

앞발의 육구와 발톱. 고양이의 육구는 다양한 역할이 있다.

뒷발의 육구. 뒷발에는 지근구가 없으며 4개의 발가락에 있는 3개의 지구와 정중앙의 족저구라고 불리는 육구만 존재한다

고양이의 앞다리에 수염이 나 있는 이유는 무엇일까?

앞다리 뒤쪽, 지근구의 조금 위에는 기다란 털이 몇 가닥(약 6가닥 정도) 나 있습니다. 이 털은 감각기인 수염과 같은 **촉모**입니다. 수염에는 공기의 미세한 흐름을 감지하여 장애물을 알아차리고 사냥감을 입으로 물 때의 방향을 순간적으로 판단하는 역할이 있습니다. (16쪽 참조)

'발의 수염'은 자율신경계에 의해 지배되므로 얼굴의 수염처럼 자신의 의지로는 움직일 수 없습니다. 그러나 신경전달 물질인 아드레날린 분비에 의해 감도가 늘어나고 특히 **사냥을 할 때 민감하게 반응하여 활약**한다고 합니다.

이전에는 발의 수염은 쥐 굴의 크기를 파악하고 굴에 손을 넣을 때 쥐의 위치를 빨리 파악하기 위해 존재한다는 설이 있었습니다. 하지만 현재는 잡힌 사냥감을 손으로 만졌을 때 사냥감이 손에 가려서 보이지 않기 때문에 사냥감의 어느 부분이 어떤 움직임을 하고 있는지를 재빨리 '보는' 역할을 하고 있다고 추측하고 있습니다.

특히 손으로 누른 사냥감이 죽었는지를 판단하고 만일 갑자기 움직이면 순식간에 알아채어 사냥감의 도주를 막는 것이 가장 중요한 역할입니다.

물론 '발의 수염'은 어둠 속에서 걷거나 나무를 타거나 착지할 때 등에도 털이 닿아서 지면의 장애물을 잽싸게 감지합니다.

또한 화재가 일어나기 전 경고 시스템으로서 예를 들면 '지진으로 발생하는 미묘한 지면의 흔들림을 정밀한 계측기가 검사하여 알아내는 것보다도 더 빠르게 육구에 있는 자극을 느끼는 수용체와 함께 감지한다'라는 설도 있습니다만 사실인지는 명확히 알 수 없습니다.

제5장 고양이 몸의 비밀을 파헤쳐보자

촉모

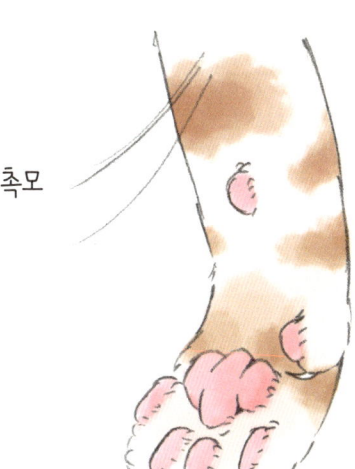

앞발 뒤쪽에 있는 지근구의 조금 위쪽에는 수염과 같은 촉모가 몇 가닥 나있다

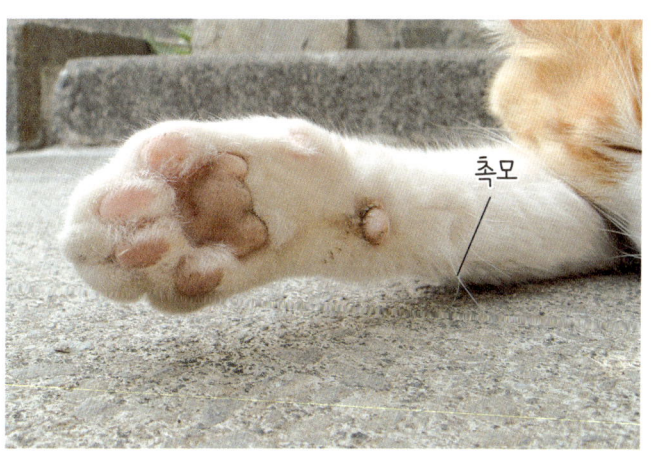

촉모

촉모가 지근구의 조금 위에 나 있는 것을 알 수 있다

88

고양이에게 귀소본능이나 집사를 찾아내는 능력이 있을까?

지금으로부터 60년 전, 슈가라고 하는 이름의 페르시안 고양이가 집사가 캘리포니아 주에서 오클라호마 주로 이사했을 때 캘리포니아 주에서 행방불명되어 버렸다. 그러나 약 1년 후에 오클라호마 주의 이사한 집에 슈가가 모습을 나타낸 것이다.

이 이야기는 지금까지도 전해져 오고 있습니다. 슈가는 오클라호마에 간 적이 없는데도 불구하고 약 2,400km나 되는 거리를 걸어서(?) 가족의 품으로 돌아간 것입니다.

많은 사람들은 고양이와 만나고 싶은 집사의 강한 소망 때문에 '실은 다른 고양이인데 그렇게 보였을 뿐'이라고 의문을 제기했지만(같은 종이나 털색의 고양이는 많기 때문에), 슈가가 선천적으로 가지고 있던 고관절의 뼈가 변형된 부분이 결정적인 증거가 되었다고 합니다.

이만큼 먼 거리는 아니라도 긴 시간을 떠돌다가 집사의 품으로 돌아오는 고양이의 실화는 지금까지도 놀랄 정도로 많이 존재합니다. 고양이에게는 멀리 떨어진 장소에서 집에 돌아가는 것이 가능한 **귀소본능**, 혹은 **자신을 돌봐주던 집사를 찾아낼 수 있는 능력**이 정말로 존재하는 것일까요?

고양이도 자기장을 이용해여 귀소한다

사람이나 동물은 외부의 자극을 오감(시각, 청각, 후각, 미각, 촉각)을 통해 지각합니다. 하지만 많은 동물에게는 그에 더해서 제6의 감각이라고 불리는 자기장을 감지하는 **자기감각**이 있다고 추측하고 있습니다. 이 메커니즘에 대해서는 완전히 밝혀지지 않았습니다. 예를 들어 철새가 이동하는 능력이나, 많은 동물이 자기장의 미묘한 변화를 감지하여 지진 등의 재해를 사전에 알아챌 수 있는 것도 이 감각 때문이 아닐까 하고 추측하는 것입니다.

대부분의 고양이는 5㎞ 이내의 행동 범위라면 시각, 청각, 후각 등을 사용하여 머릿속에 일종의 지도 같은 것을 그려 장소를 확실하게 기억할 수 있습니다. 그 이상의 거리가 되면 자기장을 감지하여 목적지로의 올바른 방향을 어느 정도 잡는 체내 컴퍼스 같은 자기장 감지 능력이 고양이에게도 갖춰져 있습니다. 이것은 자석을 달면 고양이의 귀소본능이 방해된다는 실험에서도 증명된 사실입니다.

그렇지만 집 아주 가까이에서도 길을 잃어버리는 고양이도 있기 때문에 이 능력에는 큰 개체 차가 존재한다고 할 수 있습니다.

현대 과학으로는 설명할 수 없는 힘이 있다?

동물에게는 또한 제6의 감각을 초월한, 과학으로는 설명할 수 없는 제7의 감각인 초감각적 지각이 존재한다고 생각하는 학자도 있습니다. 영국의 생화학자 루퍼트 셀드레이크Rupert Sheldrake는 반려동물과 인간의 사이에 정신적인 강한 유대가 존재하면 '형태형성장Morphogenetic Field이라고 하는, 과거 세대의 기억을 포함한 시간이나 공간을 초월한 연결이 생겨 서로 떨어져 있어도 영향을 받는다고 추측하고 있습니다.

집사가 집에 돌아오는 길에 있다는 것을 강아지나 고양이가(오감을 이용하지 않고) 감지하거나 집사의 병이나 죽음을 멀리 떨어져 있어도 예지하거나 놀랄 만큼의 원거리에서 집사를 찾아낼 수 있는 것도 이 초감각적 지각 때문이라고 설명하고 있습니다.

과학적으로는 승냥할 수 없지만, 오히려 반대로 과학적으로는 증명할 수 없는,(4,500가지 이상의) 많은 사례가 있는 만큼 이 같은 능력의 존재도 부정할 수는 없는 것이지요.

사람의 죽음을 예지하는 고양이가 있다고?

고양이를 좋아하는 사람이라면 특별한 능력을 가진 '오스카'라는 고양이의 이야기를 한 번쯤 들어본 적이 있을 것입니다. 오스카는 2005년 미국 동해안에 위치한 로드아일랜드주의 간호, 재활 센터에 새끼 고양이 때 주워온 이후 '직원'으로서 이 건물 3층에 살고 있는 고양이입니다.

특히 사람에게 길들여지지도 않은 오스카는 중증 인지증환자가 많은 3층을 매일 순찰하며 방문이 열리기를 기다리다가 침대 위에 올라가 환자 옆에서 킁킁거리며 냄새를 맡습니다. 그러나 환자의 죽음을 느꼈을 때만은 옆에 그저 조용히 꼭 붙어 있습니다. 오스카는 **환자의 죽음을 약 4시간 전에 예측**할 수 있습니다.

오스카가 13번째 환자의 임종을 지킬 쯤에는 그동안 회의적이었던 의사나 직원 누구도 오스카의 이 신기한 능력을 의심하지 않고 오스카가 곁을 지키는 환자의 가족을 불러들인다고 합니다. 오스카 덕분에 많은 환자가 의사도 예측하기 힘든 죽음의 순간을 가족과 함께 할 수 있게 되었다고 합니다.

어떤 냄새로 '임종'을 예언한다?

이 센터의 환자를 담당한 데이비드 도사는 결코 고양이를 좋아하지 않는 의사입니다. 하지만 오스카의 신기한 능력을 2007년에 의학잡지에 발표하여 오스카의 이름을 전세계에 널리 알렸습니다.

의학 잡지에 발표된 것은 센터에서 오스카의 하루 모습이 담긴 2쪽도 되지 않는 에세이로, 자세한 데이터나 오스카가 가진 능력의 이유에 대해서는 일절 언급하지 않았습니다. 그럼에도 불구하고 한결같이 임무를 다한 한 마리의 고양이 오스카의 존재에 많은 사람들이 매혹되었습니다.

의사인 도사는 오스카가 환자의 냄새를 맡아서 환자의 '죽음의 냄새'를, 예를 들면 **세포가 죽음에 이르는 단계에서 발생하는 화학물질인 케톤**ketone **냄새를 식별할 수 있는 것은 아닐까** 하고 후일담을 이야기합니다. 하지만 오스카가 환자의 임종을 지키는 이유는 수수께끼로 둘러싸여 있습니다.

2010년 의사인 도사는 오스카에 대해 책을 집필하고 그것이 영화화되어 오스카는 더욱 유명해졌습니다. 그리고 지금도 여전히 건강하게 센터에서 '근무'하고 있다고 합니다.

릴랙스 중인 오스카.
고양이에게는 신기한 능력이 있을지도 모릅니다.

출처 / steerehouse ~ Oscar the Cat
http://www.steerehouse.org/shoscar_landing

고령의 고양이가
쾌적하게 지낼 수 있는 환경은?

고양이도 고령이 되면 시력이나 운동 능력이 쇠퇴하여 젊을 때는 가볍게 점프하여 넘나들던 장소에 이동하지 못하는 경우도 생깁니다. 그런 때는 높낮이를 조정해 조금 올라가기 쉽게 해주어 고양이의 자존심을 지켜주세요. 화장실을 높낮이가 없는 안정된 곳에 설치하거나 수를 늘려주거나 입구를 넘나들기 쉽게 바닥의 차이를 낮추거나 화장실 자체를 큰 것으로 해주면 화장실 실패도 적어질 것입니다. 배뇨, 배변의 양상도 체크해 보도록 하세요. 자고 있는 시간이 길어지기 때문에 계절에 맞춰 온도 조절에도 신경을 쓰고 고양이의 기호에 맞춰 조용하고 쾌적한 침실을 몇 개 준비해 둡시다.

또한 스트레스에 대한 허용도가 낮아지고 환경 변화에 적응하는 능력도 낮아집니다. 규칙적이고 평온한 생활이 고양이에게 안정감을 줍니다. 큰 스트레스를 받는 일-고양이를 데려가는 여행, 이사, 고양이를 새로 들이는 것-등은 피해주세요. 손님 방문 등의 예정이 있을 경우 누구에게도 방해 받지 않고 안심할 수 있는 도망칠 장소(숨을 장소)를 반드시 준비해 주세요.

집사와의 유대가 강한 고양이라면 매일 스킨십이나 털 손질도 안정감을 줍니다. 고양이를 쓰다듬거나 브러시질을 하면서 손이나 발톱의 상태, 입 안, 몸에 부은 곳이 있는지 등을 체크한다면 질병을 빨리 발견할 수 있습니다. 상태를 보고 눈곱을 떼주거나 긴 발톱을 잘라줘도 좋습니다.

고양이가 나이를 먹어 '잠만 자니까'라고 생각하여 방치해두지 말고 정신적인 자극을 주는 것이 중요합니다. 이름을 불러주거나 몸 상태에 맞춰 매일 조금씩이라도 몸을 움직여 노는 시간을 가지도록 합시다.

《 참고문헌 》

Beaver Bonnie V, *Feline Behavior : A Guide for Veterinarians*, Saunders, 2nd edition, 2003

Houpt Katherine A, *Domestic Animal Behavior*, John Wiley & Sons, Fifth edition, 2011

Laflamme Dottie, Zoran Debra L, *Veterinary Clinics of North America : Small Animal Practice Volume 44, Issue 4 : Clinical Nutrition*, Elsevier, 2014

Leyhausen Paul, *Katzenseele : Wesen und Sozialverhalten*, Franckh Kosmos Verlag, 2005

Morris Desmond, *Catwatching : Die Körpersprache der Katzen*, Heyne Verlag, 2000

Nickel R, Schummer A, Seiferle E, *Lehrbuch der Anatomie der Haustiere, Band I : Bewegungsapparat*, Paul Parey, 1992

Pfleiderer Mircea, *Katzenverhalten : Von der Wildkatze zur Hauskatze Mimik, Körpersprache, Verständigung*, Franckh Kosmos Verlag, 2014

Sheldrake Rupert, *Der siebte Sinn der Tiere*, Fischer Verlag, 2012

Turner Dennis C, Bateson Patrick, *The Domestic Cat : The Biology of its Behaviour*, Cambridge University Press, 2nd edition, 2000

《 주요 참고논문, 인용논문 》

사칸 타케오, "마타타비 연구에서". 화학교실, 12, 1964, pp.16-22.

Allada R, Siegel J.M, "Unearthing the phylogenetic roots of sleep.", *Curr Biol*, 18, 2008, pp.670-679.

Cafazzo S, Natoli E, "The social function of tail up in the domestic cat (Felis silvestris catus).", *Behav Processes*, 80, 2009, pp.60-66.

Crowell-Davis S.L, Curtis T.M, Knowles R.J, "Social organization in the cat: a modern understanding.", *J Feline Med Surg*, 6, 2004, pp.19-28.

Dosa David M, "A day in the life of Oscar the cat.", *N Engl J Med*, 357, 2007, pp.328-329.

Horwitz D, Soulard Y, Junien-Castagna A, "The feeding behavior of the cat.", *Encyclopaedia of Feline Nutrition by Royal Canin*, 2008, pp.439-477.

Laflamme D, "Nutrition for aging cats and dogs and the importance of body condition.", *Vet Clin North Am Small Anim Pract*, 35, 2005, pp.713-742.

Lesku J.A, Roth T.C, Rattenborg N.C, Amlaner C.J, Lima S.L, "Phylogenetics and the correlates of mammalian sleep: a reappraisal.", *Sleep Medicine Reviews*, 12, 2008, pp.229-244.

McComb K, Taylor A.M, Wilson C, Charlton B.D, "The cry embedded within the purr.", *Curr Biol*, 19, 2009, pp.507-508.

Morris Paul H, Doe C, Godsell E, "Secondary Emotions in Non-Primate Species? Behavioural Reports and Subjective Claims by Animal Owners.", Cognition and Emotion, 22, 2008, pp.3-20.

Nicastro N, Owren M.J, "Classification of domestic cat (Felis catus) vocalizations by naive and experienced human listeners.", *J Comp Psychol*, 117, 2003, pp.44-52.

Reis P.M, Jung S, Aristoff J.M, Stocker R, "How cats lap: water uptake by Felis catus," Science, 330, 2010, pp.1231-1234.

Sparkes A.H, "Feeding old cats-an update on new nutritional therapies.", *Top Companion Anim Med*, 26, 2011, pp.37-42.

Whitney W, Mehlhaff CJ, "High-rise syndrome in cats.", *J Am Vet Med Assoc*, 191, 1987, pp.1399-1403.

WSAVA Nutritional Assessment Guidelines Task Force Members, "WSAVA Nutritional Assessment Guidelines.", *J Feline Med Surg*, 13, 2011, pp.516-525.

Yamane A, "Male reproductive tactics and reproductive success of the group-living feral cat(Felis catus)." ,*Behavioural Processes*, 43, 1998, pp.239–249.

Yamane A, "Male homosexual mounting in the group-living feral cat (Felis catus).", *Ethology Ecology & Evolution*, 11, 1999, pp.399-406.

색인

가
가드 헤어	192
갈등	22, 23
개체 거리	55, 88, 89
겉털	192, 193
견갑골	200~202
고소낙하증후군	198
골격근	190, 202
귀소본능	214, 215
그루밍	50, 52, 53, 64, 65, 66 80, 81, 94, 106, 118, 126 127, 129, 165, 168, 188, 193
기쁨의 춤	136
까끄라기털	192, 193
꼬리뼈	20, 190

나
논렘수면	110~113

다
단모종	150, 193
도망거리	54, 55, 88, 89
동공	10, 11, 14, 24, 26, 132
땀샘	205, 211

라
락타아제	174
락토오스	174, 175
렘수면	110~113
로도시스	179, 181

마
마운팅	1801, 184, 185
마킹	46, 48, 49, 57, 60, 205
망막	10, 11
맹크스	20, 21
모포	16, 26, 192
미뢰	146, 147

바
반사면	10
발톱 갈이	46, 47, 68 188, 204, 205
베타엔돌핀	32
분비선	46, 50, 78, 79, 126

사
사대보	206, 207
사회적 거리	54~56, 69, 88, 89
사회화기	90, 91, 140
생화학물질	46
서식지 영역	56~61, 65, 68, 69
서열	56, 72~75
소변 스프레이	48, 49, 72 179, 184, 186
속털	192
솜털	192
수렵본능	42, 84, 130 131, 138, 140
수면 주기	110~112
수정체	11
순막	112
승리 포즈	24~26
신체충실지수	149, 150, 162

아
암묵적인 포즈	24

야콥슨기관	49
오시스트	44
온헤어	192
위험거리	54, 55, 88, 89, 180
위협 포즈	26, 27
유당불내증	174
유지 에너지 필요량	153, 159, 160
입모근	26, 192

자

자기감각	214
잠복고환	185
장구	210, 211
장모종	192
전위행동	64, 136, 137
족저구	210, 211
종단속도	198, 199
중심 패턴 발생기	30
지구	210, 211
지근구	210~213
집합체	70

차

촉모	16, 95, 212, 213

측대보	206

카

콜로니	70~75, 178, 182~184

타

톡소플라즈마증	44

파

패배 포즈	10, 24~26
페로몬	46, 48, 49, 126, 179, 205
펠리닌	48
플레멘반응	48, 49, 178

하

학습	12, 28, 32, 40, 81, 87, 112, 147, 164, 166
행동권	56, 58~60, 68, 70, 71
호이상반	15
홍채	11
후두	30

NEKO NO KIMOCHI GA WAKARU 89 NO HIKETSU
Copyright © 2015 by Tazuko Iki
All rights reserved.
Original Japanese edition published in 2015 by SB Creative Corp.
Korean translation rights arranged with SB Creative Corp.
through Eric Yang Agency Co., SEOUL.
Korean translation rights © 2017 by BM Publishing

All rights reserved. No part of this publication may be reproduced or transmitted in any form or by any means, electronic or mechanical, including photocopying, recording, or any information storage and retrieval system, without permission in writing from the publisher.
Translated by BM Publishing
Printed in Korea

고양이의 마음을 알 수 있는 89 가지 비법

지은이	이키 타즈코
역자	이도규
펴낸이	이도규
펴낸곳	백마출판사
홈페이지	www.bmbook.co.kr
전화	0505-277-0075
팩스	0505-277-0076
등록일자	2004-1-12
등록번호	207-91-43627
발행일	2017 년 3 월 3 일

ISBN 978-89-92849-38-8 02490
정가 16,000 원

※파본은 바꾸어 드립니다.

이 책은 ' 고양이의 마음을 알 수 있는 89 가지 비법 (NEKO NO KIMOCHI GA WAKARU 89 NO HIKETSU)" 의 한국어판으로 에릭양 에이전시를 통해 SB Creative Corp. 과 백마출판사의 독점계약에 의해 출간되었습니다. 따라서 저작권법에 의해 보호를 받는 저작물로서, 이 책의 무단 발췌, 전재 및 복제를 금하며, 어떠한 형태로의 저장과 전송도 할 수 없습니다. 만일 이를 위반 시에는 법에 의해 엄중한 처벌을 받게 됩니다.